CW01663559

ARCHIVES D'UN BONNET ROUGE BRETON

Documents internes et analyses personnelles

(Rien à voir avec un « travail » universitaire)

Jean Pierre Le Mat

BreizhMem

Jean Pierre Le Mat, Hent Lanvoy, 29590 Ar Faou (Breizh via France)
ISBN 978-2-9587033-8-7

TABLE DES MATIÈRES

AVERTISSEMENT

Cette compilation personnelle est composée de sept parties :

1 - Les expressions visibles des Bonnets Rouges. Ce sont des photos des rassemblements, ainsi que des communiqués, des affiches, des autocollants. Crédit photos : Gaël Cloarec, Michel Thierry, Philippe Argouarc'h, Maryvonne Cadiou, Maryse Renaudin.
2 - Les archives des Bonnets Rouges. Ce sont des documents internes, plus précisément les comptes-rendus de réunions des comités locaux, avec leurs idées et leurs projets. Ces réunions constituaient le parlement des Bonnets Rouges.
3 - Une brochure, « Carnet d'un Bonnet Rouge », publiée en avril 2014.
4 - Une brochure, « Les doléances et les projets des Bretons du XXIe siècle », publiée en octobre 2015.
5 - La réponse des pouvoirs publics, dont le « Pacte d'avenir pour la Bretagne ».
6 - Les articles, parus à l'époque dans le média « Agence Bretagne Presse », en réponses aux questions du moment.
7 - Quelques réflexions ultérieures.

Bonne lecture !

Jean Pierre Le Mat

La Charte des Bonnets Rouges

Notre volonté

Vivre, décider et travailler en Bretagne !

Les Bonnets Rouges croient fermement que la Bretagne a un futur. Ils veulent préparer ce futur, pour le bien des générations montantes.

Nos objectifs

- Le maintien de l'emploi et du travail productif en Bretagne.
- L'aménagement et l'équilibre du territoire breton, en intelligence avec les populations concernées.

Nos revendications

- Le maintien de la gratuité de nos routes et la suppression de l'écotaxe. Cette taxe maudite détruit l'emploi, déséquilibre nos territoires et crée une distorsion de concurrence au détriment de la Bretagne.
- En finir avec les distorsions de concurrence et le dumping social. Ces inégalités détruisent nos emplois et altèrent nos relations avec les autres peuples.
- Libérer les énergies. L'avalanche de normes et de contraintes administratives décourage les initiatives, accentue l'irresponsabilité et avantage les tricheurs.
- Relocaliser les décisions nous concernant. Elles ont été confisquées par une machine bureaucratique qui ne fonctionne plus que pour elle-même.

Nos valeurs

- Dans notre péninsule armoricaine, nous sommes dépendants les uns des autres. La Bretagne se construira collectivement, au-delà des divisions entre professions ou sensibilités politiques.
- Nous portons les valeurs de progrès, de solidarité, de confiance et d'humanisme. Nous ne nous reconnaissons ni dans la haine ni dans le rejet de l'autre.
- Ceux qui ont cette volonté, ceux qui adoptent ces objectifs et ces revendications sont dignes de porter avec nous le bonnet rouge. Ensemble, en partant de la base, nous prendrons des initiatives constructives pour relocaliser les emplois et les décisions.

Karta ar Bonedoù Ruz

Hon Youl

Bevañ, divizout ha labourat e Breizh !

Ar Bonedoù Ruz a soñj start ganto ez eus un dazont e Breizh. Fellout a ra dezho prientiñ an dazont-se evit mad ar rummadoù da zont.

Hon palioù

- Derc'hel ar postoù-labour hag al labour kenderc'hiñ e Breizh.
- Plediñ gant terkadur ha kempouez Breizh, o terc'hel kont eus c'hoantoù hag alioù tud ar vro.

Hon arc'hadurioù

- Ma vo gallet kenderc'hel da vont digoust gant hentoù-bras ar vro ha ma vo lammet kuit an ekotaos. Gant an taos milliget-se e vez distrujet al labour, digempouezet tiriadoù Breizh ha torgammet ar c'hevezerezh diwar-goust Breizh.
- Ma vo echu gant an torgamman kevezerezh hag an tumperezh sokial. An digevatalderioù-se a zistruj ar postoù-labour ha fallaat a reont hon darempred gant ar pobloù all.
- Dishualañ ar startijenn ; ar reoladoù hag an destrizhoù amaezhel dreistniver a ro lamm d'ar c'hentodiñ, a ro lec'h d'an diatebegezh hag a ro lañs d'an drucherien.
- Adkemer er vro an divizoù a sell ouzhimp. Kemeret e vezont gant ur seurt ardivink burevveliek ha na dro nemet evit e vad e-unan.

Hon talvoudoù

- En hor Bro Vreizh emañ buhez pep hini ac'hanomp e dalc'h buhez ar re all. Breizh da zont a vo frouezh kenskoazell an holl, en tu-hont d'an disrannoù etre ar micherioù hag en tu-hont da vennozhioù politikel an den-mañ-den.
- Hon talvoudoù-ni zo anvet araokaat, kenskoazell, ken_ziañs ha denelouriezh. Ne zinac'homp den ebet ha n'eus tamm plas en hon touez evit ar gasoni.
- Ar re a soñj eveldomp, ar re zo a-du gant ar palioù hag an arc'hadurioù-se, ar re-se holl a c'hall gwiskañ ganimp ar boned ruz. An eil gant egile, bras ha bihan, e roimp lañs da vennozhioù nevez evit lakaat al labour da zistreiñ er vro ha kemer an divizoù a vo mat evidomp.

PHOTOS ET DOCUMENTS

Premières affiches et autocollants (2012-2013)

Le CCIB (Collectif de Convergence des Intérêts Bretons) organise des réunions et la pose d'affiches dans les entreprises et les rassemblements agricoles (foires, assemblées générales de coopératives, réunions syndicales, SPACE, etc.).

Pour une Bretagne belle, prospère, solidaire et ouverte sur le monde

L'hypercentralisme français, la multiplication des rouages administratifs et le labyrinthe des réglementations font que désormais 56% du PIB national sont consacrés au fonctionnement de l'Etat.
Construite depuis plusieurs décennies par tous les gouvernants, cette situation suscite aujourd'hui une avalanche insupportable de taxes, d'impôts, de charges, de contraintes multiples qui portent un coup fatal à d'innombrables entreprises bretonnes tant dans l'agriculture que dans l'agroalimentaire, le bâtiment, les services, le commerce, l'industrie, le transport, l'artisanat, paralysant la recherche et l'innovation...

La Bretagne est honnête, et refuse de choisir entre tricher ou mourir.
Nous croyons aux valeurs du travail et nous sommes les bons élèves de la République.
Un exemple : l'économie souterraine de la Bretagne est de 2,5% alors qu'elle atteint les 15% en moyenne en France et plus de 20% dans certaines régions.
La Bretagne fait preuve d'un grand civisme fiscal très supérieur à la moyenne (note Pierre Louis Mariel : directeur régional des finances publiques en Bretagne)
L'honnêteté des Bretons les pénalise, ce qui est inacceptable. La complexité administrative multiplie les surcoûts, gangrène le calendrier, suscite face à nos voisins une concurrence déloyale et fatale.
Si rien n'est fait de façon urgente, la Bretagne connaîtra un désastre humain et économique sans précédent. Nos secteurs névralgiques et traditionnels sont rongés par les dogmes et les systèmes qui nous font passer d'un « Etat de Droit à la paralysie par le Droit ». Lorsque la réglementation à outrance vient absorber l'énergie créatrice, elle rend impossible l'esprit d'entreprise. Or, les créateurs d'Entreprises sont les créateurs d'emplois.

La Bretagne veut vivre et grandir
Nous sommes habitués à lutter, à nous défendre, à construire, à nous développer. Entrepreneurs nous ne pouvons pas nous résigner d'autant que nous avons tout pour réussir.
Des hommes et des femmes exemplaires, reconnus pour leurs capacités et leur sérieux au travail. Un formidable potentiel d'activités sur les territoires, une volonté sociale et une capacité à contribuer aux enjeux décisifs de la balance commerciale nationale.

Que demandons-nous à l'Etat ?
- Donner la primauté aux Territoires.
- Une véritable décentralisation, qui prenne en compte une gouvernance économique régionale.
- Le droit à l'expérimentation, et de faire des sujets de discorde des sujets de concorde. Ce droit doit nous permettre de respecter nos valeurs afin de ne pas avoir à affronter en permanence les excès des systèmes administratifs et bureaucratiques.

Nous souhaitons que l'Etat comprenne enfin que ces réglementations indivisibles et illisibles freinent et paralysent notre développement. Celui-ci devant se réaliser en parfaite harmonie avec l'environnement et le développement durable. Les objectifs sont de donner naissance à des projets concrets et annonciateurs d'avenir meilleur.

La Bretagne ne veut pas d'un naufrage économique et moral
La situation est intolérable. La déstabilisation de l'économie bretonne nous inquiète. Il y va de la tranquillité de nos territoires dont nous sommes tous, nous Bretons, responsables, donc directement concernés.
Parce que « Décider, Travailler et Vivre au pays » reste encore notre désir le plus cher. Il nous faut aujourd'hui déverrouiller cette machine infernale qui broie nos emplois, empêche notre développement et favorise la fuite de nos jeunes diplômés.
Dans les périodes difficiles la Bretagne sait s'organiser elle-même et nous sommes dans une période très difficile.
Il y a véritablement urgence. Il nous faut retrouver le bon sens, rassembler les forces vives de nos territoires, chefs d'entreprises, artisans, commerçants, salariés, représentants professionnels, élus territoriaux, afin de rejeter cette morosité, cette permanence de l'échec qui sont les tristes visages d'un pays sans ambition.

Comité de Convergence des Intérêts Bretons. 18 juin 2013

Apparition du « Collectif pour l'emploi en Bretagne »

Le Collectif organise le premier des « coups de vent ».
Les portiques écotaxe sont touchés.

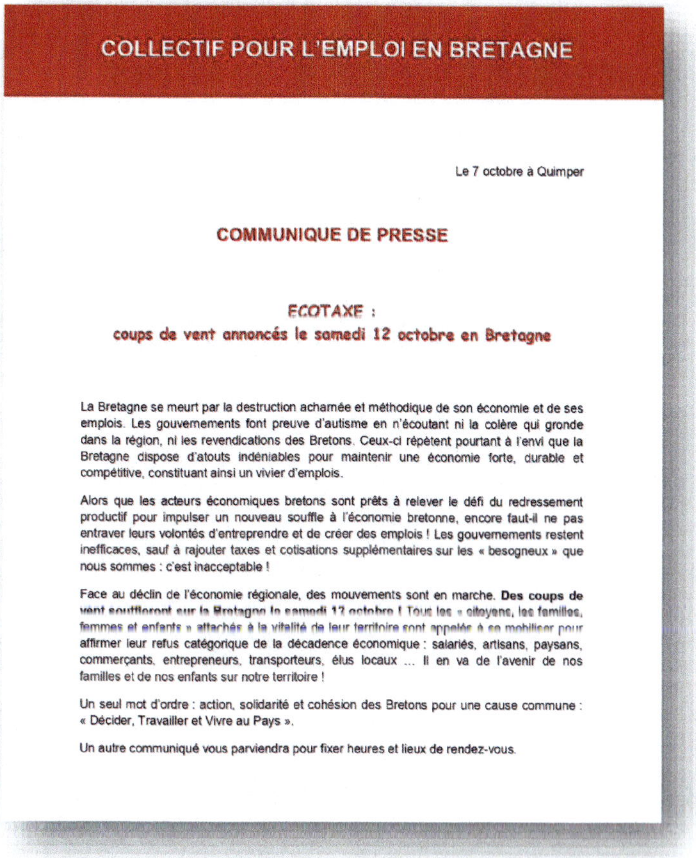

COLLECTIF POUR L'EMPLOI EN BRETAGNE

Le 7 octobre à Quimper

COMMUNIQUE DE PRESSE

ECOTAXE :
coups de vent annoncés le samedi 12 octobre en Bretagne

La Bretagne se meurt par la destruction acharnée et méthodique de son économie et de ses emplois. Les gouvernements font preuve d'autisme en n'écoutant ni la colère qui gronde dans la région, ni les revendications des Bretons. Ceux-ci répètent pourtant à l'envi que la Bretagne dispose d'atouts indéniables pour maintenir une économie forte, durable et compétitive, constituant ainsi un vivier d'emplois.

Alors que les acteurs économiques bretons sont prêts à relever le défi du redressement productif pour impulser un nouveau souffle à l'économie bretonne, encore faut-il ne pas entraver leurs volontés d'entreprendre et de créer des emplois ! Les gouvernements restent inefficaces, sauf à rajouter taxes et cotisations supplémentaires sur les « besogneux » que nous sommes : c'est inacceptable !

Face au déclin de l'économie régionale, des mouvements sont en marche. **Des coups de vent souffleront sur la Bretagne le samedi 12 octobre !** Tous les « citoyens, les familles, femmes et enfants » attachés à la vitalité de leur territoire sont appelés à se mobiliser pour affirmer leur refus catégorique de la décadence économique : salariés, artisans, paysans, commerçants, entrepreneurs, transporteurs, élus locaux ... Il en va de l'avenir de nos familles et de nos enfants sur notre territoire !

Un seul mot d'ordre : action, solidarité et cohésion des Bretons pour une cause commune : « Décider, Travailler et Vivre au Pays ».

Un autre communiqué vous parviendra pour fixer heures et lieux de rendez-vous.

Rassemblement de Quimper (2 novembre 2013)

Rassemblement de Carhaix (30 novembre 2013)

*

TRAVAILLER EN
DIVIZOUT LABOURAT E

Ouvriers et paysans (2013 – 2014)

Organisation des comités locaux

Feuille de route pour les comités locaux des Bonnets rouges

Préparation des premières réunions :

- ❒ Rechercher la plus grande diversité possible en sollicitant les agriculteurs, les commerçants et artisans, les PME, les salariés de différentes activités…
- ❒ Focaliser sur l'adhésion à la Charte : adhésion aux objectifs, aux revendications et aux valeurs.
- ❒ Lorsque votre projet est bonne voie : le signaler à bonnetsrouges.officiel@gmail.com.
- ❒ Demander la création graphique d'une page Facebook qui sera dédiée à votre comité local et transmettre 2 noms : le référent du comité local et l'animateur de la page facebook locale (nom, mail et mobile).
- ❒ Des informations, flyers et autres sont disponibles sur le site http://bonnetsrougesbzh.eu

Premières réunions :

1. Annoncer les réunions dans la presse locale. Passer aussi par les réseaux et les associations.
2. Donner un exemplaire de la Charte à tous les participants
3. Trouver un secrétaire qui établira les comptes rendus et les transmettra au collectif Breizh.
4. Faire circuler une feuille avec pour en-tête « J'adhère à la Charte des Bonnets Rouges », sur laquelle ceux qui veulent faire partie du comité pourront, dans un tableau, indiquer leur nom, l'adresse mail et le numéro de téléphone. Cette feuille doit revenir au référent. Elle permettra d'envoyer des invitations aux réunions suivantes, soit par mail, soit par SMS.

Les participants seront forcément très divers et beaucoup de ceux qui viennent vers nous ont besoin de s'exprimer. La tolérance est une nécessité. Toutefois il est bien de rappeler qu'il est plus urgent de trouver des solutions que de dénoncer des coupables (les productivistes, les écologistes, les autonomistes, les exploiteurs, l'état, les fonctionnaires…)

Réunions suivantes

Elles répondront à l'un au moins des objectifs suivants :

- Que des gens d'horizons divers se parlent et se comprennent
- Que les cahiers de doléances se remplissent
- Que des propositions pour l'emploi et l'équilibre des territoires apparaissent
- Que des actions locales se fassent
- Que le courant d'infos entre les comités locaux et le collectif Breizh soit dynamique.

Les cahiers de doléances se trouvent sous forme papier ou en ligne sur http://breizhimpacte.org/. Pour une analyse sémantique des doléances, il est souhaitable d'y répondre en ligne. Les comités qui recueillent les doléances sur papier devront les mettre en ligne ensuite.

Les actions locales

Les actions devront impérativement être en lien avec les revendications indiquées dans la Charte :

- Contre l'écotaxe
- Contre les distorsions de concurrence et le dumping social
- Pour la libération des énergies
- Pour les emplois dans le secteur productif
- Pour la relocalisation des décisions
- Pour l'équilibre des territoires.

Les actions de base sont : édition et distribution de flyers, apposition d'affiches, prises de paroles vente de bonnets rouges. Les documents sont téléchargeables sur le site.

Les référents devront demander l'avis du collectif Breizh sur les actions locales prévues, avant qu'elles se réalisent.

Le mouvement des Bonnets Rouges est indépendant des partis politiques et des syndicats. Les comités ne doivent pas prendre de positions pour ou contre des listes, des partis politiques ou des syndicats. Toute prise de position locale de ce type sera désavouée par le Collectif.

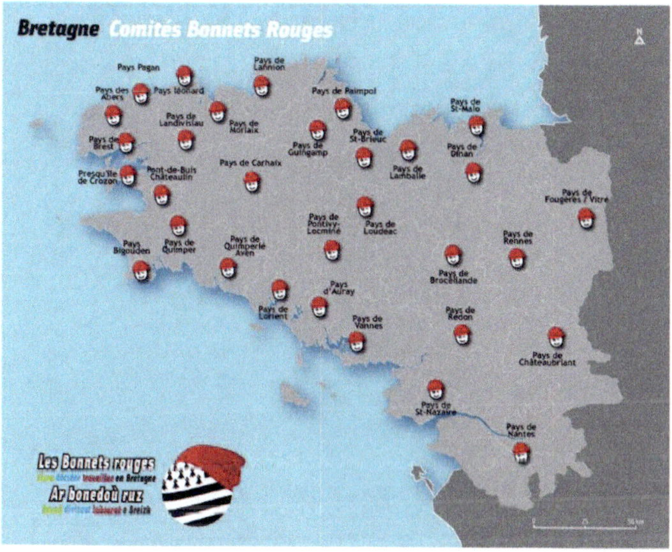
Bretagne Comités Bonnets Rouges
Pays Pagan
Pays de Lannion
Pays des Abers
Pays léonard
Pays de Paimpol
Pays de Landivisiau
Pays de Morlaix
Pays de St-Malo
Pays de Brest
Pays de Guingamp
Pays de St-Brieuc
Pays de Dinan
Presqu'île de Crozon
Pont-de-Buis Châteaulin
Pays de Carhaix
Pays de Lamballe
Pays de Fougères / Vitré
Pays de Pontivy-Locminé
Pays de Loudéac
Pays Bigouden
Pays de Quimper
Pays de Quimperlé Aven
Pays de Rennes
Pays de Brocéliande
Pays d'Auray
Pays de Lorient
Pays de Vannes
Pays de Redon
Pays de Châteaubriant
Pays de St-Nazaire
Pays de Nantes
Les Bonnets rouges
Ar bonedoù ruz

Les Bonnets rouges
Vivre décider travailler en Bretagne
Ar bonedoù ruz
Bevañ divizout labourat e Breizh
Comité du Pays d'Auray
Bodad Bro an Alre

"Faites le pont"
VENDREDI 15 AOÛT
A partir de 12h
Bretonnes, Bretons, & Bonnets Rouges :
Choisissons 1 ou plusieurs ponts par départements,
retrouvons-nous entre comités voisins et AFFIRMONS
que les BONNETS ROUGES ne lâcheront rien !
REUNIFICATION
Emploi
Bienvenue
en
BRETAGNE
Les routes sont
GRATUITES
RE'ZO RE !
VIVRE, DECIDER & TRAVAILLER
DANS UNE BRETAGNE REUNIFIEE !
contact : bonnetsrouges.rennes@gmail.com

Les Bonnets rouges
Vivre décider travailler
en Bretagne
Je suis solidaire !
Les Bonnets rouges
Vivre décider travailler en Bretagne
Ar bonedoù ruz
Bevañ divizout labourat e Breizh
Ar bonedoù ruz
Bevañ divizout labourat e Breizh

Collectif Bonnets Rouges Diaspora Officiel

Les Bonnets rouges
Vivre décider travailler en Bretagne
Ar bonedoù ruz
Bevañ divizout labourat e Breizh

Le Collectif Bonnets Rouges Diaspora Officiel lance un appel

à tous les Bretons de Bretagne et d'ailleurs,
à tous les besogneux, salariés et indépendants,
à tous ceux qui connaissent la détresse, les chômeurs et les anonymes,

SOLIDARITÉ AVEC NOS AGRICULTEURS !

Le 3 septembre, ils seront à Paris.
Ils interpellent la France et l'Europe

Ras-le-bol des distorsions de concurrence, des normes ruineuses, des excès de paperasserie, de la suradministration. Ce sont des boulets qui empêchent nos agriculteurs d'avancer aussi vite que leurs concurrents étrangers.

Les contraintes devraient s'appliquer aux produits importés, pour les comparer aux produits locaux. Elles s'accumulent au contraire chez nous. Elles perturbent le travail de nos agriculteurs. Elles remplacent leur savoir-faire par des procédures stupides, imposées par des technocrates incompétents.
Les incessantes « mises aux normes » ruinent et découragent nos agriculteurs. Elles empêchent les vraies améliorations que seuls les professionnels peuvent imaginer et mettre en œuvre.

Les agriculteurs ont maintes fois alerté le gouvernement et les élites parisiennes sur leurs difficultés à faire correctement leur métier et à gagner correctement leur vie.

Sacrifier les agriculteurs, c'est sacrifier la souveraineté alimentaire du pays et mettre en péril la sécurité de ce que nous mangerons dans quelques années.

Tous ensemble contre le jacobinisme et contre tous ces technocrates qui se croient supérieurs aux autres.
Soyons aux côtés de ceux qui travaillent, qui nous nourrissent, qui font vivre nos territoires ruraux, qui fournissent l'emploi local.

Collectif Bonnets Rouges Diaspora Officiel

Contact : bonnetsrougesdiaspora@gmail.com

Manifestation devant le portique de Brec'h

(15 février 2014)

(Crédit photos G.Cloarec)

« États Généraux » à Langolvas (8 mars 2014)

RE ZO RE • 8 MARS 2014 • MORLAIX
ÉTATS GÉNÉRAUX DE BRETAGNE / BREUJOÙ BREIZH

FICHE TECHNIQUE *« LA ROUTE DU 8 MARS 2014 »*

Les Bonnets rouges
Vivre décider travailler en Bretagne
Ar bonedoù ruz
Bevañ divizout labourat e Breizh

Le 1er Mars 2014

Traçons la route des Etats Généraux de Bretagne !

Objectifs :

A une semaine de l'évènement, cette action vise à annoncer ou à rappeler de façon sympathique et visuelle, les Etats Généraux de Bretagne du 8 mars à Morlaix.
Comptant sur une participation massive, cette démonstration a pour but d'attirer l'attention des médias afin qu'ils reprennent le thème des Etats Généraux pour l'expliquer dans son contexte actuel au plus grand nombre. Mieux informé, chaque breton comprendra les enjeux historiques d'une telle démarche, et verra son propre intérêt à nous rejoindre à Morlaix pour ce grand rassemblement.

Déroulement :

Le collectif communiquera sur la Route du 8 Mars au niveau régional et au-delà ; chaque comité fera part localement à la presse, de l'organisation qu'il prévoit.

De 10H à 15H, le 1er mars, tous les comités locaux et sympathisants se positionneront pacifiquement sur les ponts **en direction de Morlaix avec Bonnets Rouges, Gwenn ha du, et une banderole**

RE ZO RE • 8 MARS • MORLAIX
TOUS ENSEMBLE POUR LES ÉTATS GÉNÉRAUX DE BRETAGNE

- 10 A 15 H : Chaque comité local ciblera préalablement un ou plusieurs ponts surplombant une 4 voies très fréquentée le samedi (abords des villes, rocades …). Une fois installés, si la situation le permet, des tracts 8 mars seront distribués aux automobilistes, sans gêner ou ralentir la circulation. Aux péages de Nantes et La Gravelle, nous tenterons également d'en distribuer.
- Sur les ponts : les lieux choisis devront être suffisamment larges pour accueillir en sécurité les participants, et permettre de se garer en périphérie. Prévoir un deuxième pont de secours pour vous répartir si besoin, ou si la marée chaussée devait vous déloger.
  L'opération doit impérativement se situer sur les ponts, et pas en dessous, ni aux abords des portiques. A aucun moment, la circulation ne doit être perturbée.
- Les banderoles : Chaque comité pourra faire imprimer la maquette officielle (format 0.90*12M), ci-dessus, pour environ 160 €, ou la fabriquer avec une solide bâche agricole et bombes de peinture (seul le texte est à reproduire). Prévoir 10 à 15 M de longueur. Le jour J, la banderole sera solidement attachée aux rambardes des ponts, face aux automobilistes qui se dirigent vers Morlaix.
  Reprenant le slogan, la maquette est aussi à faire circuler sur le WEB.

Informations pratiques ☺ :

Pour les toilettes, il sera difficile de s'organiser aussi bien qu'à Brec'h …. Veillez toute fois, là encore, à ne pas perturber la circulation …
Pour les casse-croûtes, évitez omelettes-pommes de terre : les dernières ont toutes atterri chez les CRS…

Pays de Morlaix
Bro Montroulez

La Bretagne veut vivre
il est temps de réagir !

Les 11 grandes revendications du peuple breton à l'appel des Bonnets rouges
11 arc'hadenn vras pobl Breizh dindan galv ar Bonedoù Ruz

Maintenir la gratuité des routes en Bretagne et supprimer définitive de l'écotaxe,
Delc'her digoust hentoù Breizh ha lemel an ekotaks kuit da viken

Libérer les énergies et soutenir l'emploi par l'allègement des charges et des contraintes administratives,
Disparlañ an nerzhioù, reiñ sikour d'an implijoù o skañvaat ar c'hargoù hag ar redioù melestradurel,

En finir avec le dumping social et les distorsions de concurrence en Europe,
Skarzhañ an dumping sokial kuit da vat evel an heli-gentañ disleal e Europa,

Relocaliser les décisions et les pouvoirs économiques en Bretagne,
Adlec'hiañ an divizoù ar ar galloudoù ekonomikel e Breizh,

Développer des infrastructures et des modes alternatifs de transport avec un rééquilibrage Ouest/Est,
Diorren an isframmaduriοù ha eildoareoù an dougen kempouezet etre Kornaoueg ha Reter,

Appropriation par les Bretons de la filière énergie et développement des énergies renouvelables,
Perc'hennañ gant ar Vreizhiz doareoù ar grem ha diorren an nerzhioù-douar douj,

Relocaliser la finance,
Adlec'hiañ an arc'hant bras,

Officialiser la langue et la culture bretonnes,
Gwiriekaat yezh ha sevenadur Breizh evel ofisiel,

Renforcer l'expérimentation, le dialogue, la transparence et le « vivre ensemble » en Bretagne,
Kreñvaat an arnodennerezhioù, an divizoù, ar bevañ asambles hag an treuzwel e Breizh,

Doter la Bretagne de ses propres médias audiovisuels et numériques,
Breizh perc'hennerez d'he c'hemenn keleier stlenn, gwel ha klev ha d'he holl venvegoù lavariantiz,

Une Bretagne forte à 5 départements avec relocalisation des décisions politiques.
Breizh ur vro greñv he 5 dapartamant enni he divizoù politikel ivez.

Rassemblement à Brest (1er mai 2014)

Rassemblement à Loudéac (2 août 2014)

Rassemblement à Guiclan (2 août 2014)

COLLECTIF POUR L'EMPLOI

Le 2 août, commémorons la chute du portique de Guiclan, emblème de la révolte bretonne !

Il y a un an jour pour jour, nous étions plus de 800 à faire les gros titres de la presse locale et nationale : « Bretagne : des manifestants pour l'emploi dans l'agriculture et l'agroalimentaire abattent un portique écotaxe ». **Artisans, commerçants, paysans, transporteurs, pêcheurs, chefs d'entreprises, salariés et tout simplement citoyens : ensemble, tous réunis** pour faire tomber ce symbole et affirmer haut et fort notre détermination à vivre, décider et travailler au pays.

Et pourtant ...
Un an a passé, mais rien n'a changé. Pire, le gouvernement continue de se moquer de nous ! Du Pacte d'avenir pour la Bretagne au Pacte de responsabilité en passant par le péage de transit poids lourd, tout est fait pour nous enfumer ! Mais le Collectif pour l'Emploi, qui a pris son origine au pied du portique l'année dernière, n'en restera pas là !

Souvenons-nous de l'élan de mobilisation de milliers de Bretonnes et Bretons

- **Les 12, 19 et 26 octobre** : plus de 500 personnes se rassemblent sous le dernier portique du Finistère à Pont-de-Buis.
- **Le 2 novembre** : rassemblement historique pour l'emploi et la Bretagne avec plus de 30 000 Bonnets Rouges à Quimper.
- **Le 30 novembre** : plus de 40 000 personnes ont refusé le déclin à Carhaix.

Des revendications toujours d'actualité
Malgré ces nombreuses manifestations, aucune de nos revendications n'a été entendue. Nous réclamons toujours :

- La **gratuité totale des routes en Bretagne** et la suppression définitive de l'écotaxe.
- La **fin du dumping social et des distorsions de concurrences** insoutenables pour les entreprises et les salariés.
- Un **réel électrochoc de simplification administrative** et la **relocalisation des décisions** afin de répondre concrètement à leurs problèmes.

Ensemble, rappelons à Paris que nous ne nous laisserons pas faire et **mobilisons-nous pour fêter l'anniversaire de la chute du portique de Guiclan,** le symbole de notre volonté à défendre notre avenir !

SAMEDI 2 AOUT 2014
De 12h00 à 14h00
Z.A de Kermat - Guiclan

N'oubliez pas d'apporter votre pique-nique !

Manifestation à Nantes pour la réunification de la Bretagne (27 septembre 2014)

(Photos M.R.)

COMPTES-RENDUS DES RÉUNIONS DU « PARLEMENT » DES BONNETS ROUGES

Les comités locaux, le collectif et les différents groupes-projets ont émis des comptes-rendus de leurs réunions.
Ici ne sont rassemblés que des comptes-rendus de réunions des comités locaux. Ces réunions « nationales » constituaient le parlement des Bonnets Rouges. Les noms de famille, les numéros de téléphone, adresses mail et adresses postales personnelles ont été retirés pour préserver un minimum d'anonymat des un(e)s et des autres. Seuls ont été conservés les prénoms.

On remarquera, à côté des revendications qui se sont greffées sur la revendication centrale concernant l'écotaxe et à côté des questions d'organisation : des projets, des chantiers, des initiatives venant de la base.

Compte rendu de la réunion du 7 février 2014

Réunion des comités Bonnets Rouges à Ploumagoar
Présents : 150 personnes environ, représentant 49 comités

Réception et présentations
Allocution chaleureuse de bienvenue de Bernard Hamon, maire de Ploumagoar.
Thierry attend des échanges et des réunions physiques entre les comités, en dehors des réseaux sociaux. Entendre ce que les comités demandent au Collectif.
Christian veut donner la parole aux comités locaux.
Présentation des membres du collectif présents : Jean Pierre (représente les PME), Bruno (artisanat), Yves (transporteurs), Éric (commerçants), Valérie (Pêche), Elie (salariés),
Présentation des animateurs communication au sein du collectif : André, Bernez, Éric.
Présentation des comités : 36 à Pontivy, aujourd'hui 49. Incroyable maillage sur toute la Bretagne en deux mois. Chaque comité rassemble entre 30 et 100 personnes. Il y a moins d'actifs que d'inscrits. Les problèmes rencontrés ont conduit à des scissions et à la création de nouveaux comités. Il importe que les différents comités gardent des relations cordiales entre eux.

Les États généraux du 8 mars prochain, à Langolvas (Morlaix)
Présentation du déroulement par Christian.
On ne cherche pas la démonstration de force (déjà fait à Quimper et à Carhaix). 3 à 5000 personnes peuvent être accueillies. Par comité, il faudrait faire du covoiturage et location de bus. Ce sera la journée des comités locaux. Il ne faut pas hésiter à inviter le maximum de personnes. S'il y a plus de 5 000, ce ne sera pas un problème technique.
Un premier sondage sur le nombre de personnes de chaque comité sera fait dans quelques jours.
Accueil physique des comités sur le parking par un panneau. Buvette et restauration prévues.

Ouverture des portes à 11h30.
13h15 : Accueil des comités. Entrée scénarisée de chaque comité. Interactivité entre intérieur et extérieur (son, vidéo, ...)
Présentation des doléances. Reprise des 3 thématiques des Bonnets Rouges (gratuité des routes, libérer les énergies, localiser les décisions). Interludes musicaux.

Les doléances
Analyse : plusieurs analyses sont possibles : sémantique, logique. Analyse de textes, avec ou sans logiciels. Des spécialistes de l'analyse de textes ont été sollicités. Des craintes sont exprimées sur la partialité de l'analyse. Des premières pistes ont été expérimentées (nuage de tags). Le 8 mars sera un premier pas dans l'expression bretonne en dehors des institutions. C'est un enjeu important, qui devra être amélioré au fil des prochains États Généraux.
Aucune doléance ne sera écartée.
Une pondération sera réalisée : 1 point pour une doléance anonyme, 5 points pour une doléance avec nom et adresse, plus pour une doléance collective.
Les doléances peuvent être récoltées après le 15 février, mais elles ne seront pas prises en compte pour le 8 mars.
Parmi les « doléances » recueillies : description de faits critiques ; doléances proprement dites, projets. Il y a aussi des textes de réflexion de bonne qualité, qui pourront être mis à disposition et servir de point de départ à une réflexion collective.
Les doléances (récupérées sur papier ou non) doivent être saisies directement par les comités dans la base de données. Pour avoir une adresse et un mot de passe, ils doivent envoyer un mail de demande à l'adresse : bonnetsrouges.officiel@gmail.com.
En dehors des comités, il est possible de saisir soi-même sur www.breizhimpacte.org.
Le résultat sera présenté à Morlaix et mis à disposition des comités, qui pourront organiser des réunions publiques.
Des intellectuels (R. Pasquier, J. Baguenard) seront les grands témoins. Débat : ce qui est demandé, c'est qu'ils apportent une vision extérieure. Il faut néanmoins éviter l'élitisme. La parole appartient aux Bonnets Rouges. Aux intellectuels d'analyser et de synthétiser.

Après le 8 mars ...

Par l'intermédiaire de Thierry, nous sommes en procès avec le mouvement d'extrême-droite qui cherche à récupérer le nom « Bonnets Rouges ».

Les propositions continueront, le recueil de doléances aussi.

Les choses avancent et le pouvoir politique est manifestement influencé par l'approche des Bonnets Rouges (suspension de l'écotaxe, régionalisation, fiscalité, appel à la responsabilité). Toutefois, rien de concret n'a été obtenu.

S'il n'y a pas d'avancées concrètes, il y aura un « Printemps des Bonnets Rouges ».

Le mouvement sera ce que nous en ferons.

Débat sur l'évolution de la Charte.

Il faut ouvrir le champ des revendications à toutes les couches de la société bretonne.

Propositions

Manifestation le 15 mars. Chaîne humaine autour des 5 préfectures bretonnes. Concarneau.

Pique-nique à Brech le 15 février. Auray.

Soirée crêpe et fest-noz le 15 mars au Glenmor à Carhaix à partir de 19 h. Carhaix.

Épandage de lisier à l'URSSAF (idée non finalisée). Fouesnant.

Projet d'un port en eau profonde dans le Trégor, à Keraret ; cabotage (projet à long terme). Tréguier.

Notation « Label Bonnet Rouge » pour les candidats aux élections. Vitré.

« Route du 8 mars » : chacun sur les ponts qui mènent à Morlaix (date ?). Vitré.

Manifestation à Brest pour l'emploi le 1er mars. Brest.

Refaire des actions « Tous sur les ponts », une par trimestre.

Création d'un GIPBCAA (Groupe d'Intervention pour la Protection des Besogneux contre les Abus de l'Administration), pour surveiller les surveillants (contrôleurs). Léon.

Création d'une association « Vivre en pays léonard », pour lever les fonds nécessaires aux actions des Bonnets Rouges léonards. Léon.

Compte rendu de la réunion du 5 avril 2014

Réunion des comités Bonnets Rouges à Loudéac
Votants : 114. Présents : un peu plus, représentant 63 comités

Animateurs de séance : Régis, Jean-Loup

Monsieur Huet, maire de Loudéac, nous a accueilli chaleureusement et a porté le bonnet rouge.

Propositions et discussions :

- Il faut 1 trio de référents par départements (5) ou par pays (22), plus 1 trio pour la diaspora
- Il ne faut pas créer une organisation rigide et pyramidale.
- Création d'un comité « Bonnets Rouges Solidaires » (pour les inculpés, en particulier Samantha).
- Problème au niveau de la communication interne. Critiques : modération de « Rouge » incomprise dans ses décisions.
- L'utilisation de Facebook n'est pas assez sécurisée. Faut-il créer un intranet ? Manque de communication du Collectif, mais aussi entre comités.
- Les Bonnets Rouges ont un niveau exécutif, assuré par le Collectif. Il faut désormais créer un niveau représentatif, assuré par les comités.
- Il faut trouver un équilibre entre les initiatives venant de la base et la cohérence des actions fondées sur notre Charte. Demande d'autonomie des comités, mais aussi demande de validation du Collectif et de cohérence globale.
- Demande de connaître les membres du Collectif et leurs fonctions. Réponse : une trentaine de personnes en général, assemblée changeante selon les actions à organiser (Quimper, Carhaix, Brec'h, Nantes) et les thèmes abordés. À part les porte-paroles, personne n'a de fonction précise. L'organisation du Collectif est ouverte. Le travail réalisé en quelques mois est considérable.

Information sur l'action AG2R / Concarneau.

- Proposition d'autonomie financière et associative de chaque comité. Un comité au moins s'est constitué en association loi 1901.

Risque, en cas de débordement, d'action judiciaire contre le président d'une association déclarée.
- Il ne faut pas perdre de vue que le mouvement des Bonnets Rouges s'est créé contre la casse sociale et économique, et que nos objectifs se retrouvent dans les 11 points des doléances.
- Les Comités de Landivisiau et de Brest vont se concentrer sur l'emploi et le dumping social. Organisation d'événements sur Brest le 1er mai, et le 12 mai sur les 5 départements. Création d'un pôle ouvrier sur le 44. Réunion sur la pêche au Guilvinec le 11 avril.
- À Vannes, action prévue autour du RSI. Conférence à Plouay sur le RSI.
- Proposition d'action autour de l'URSSAF par le Comité de Fouesnant. Soupe populaire.

Décisions à la majorité des voix :
1. Constitution de l'Assemblée de Bretagne des Bonnets Rouges. 3 membres élus de chaque comité (référent + adjoint + secrétaire) siègent dans l'Assemblée de Bretagne des Bonnets Rouges (association non déclarée).
2. Création d'une association parallèle pour gérer les fonds financiers. Le C.A. est constitué d'un membre de chaque comité. La trésorerie est gérée par une « petite chambre des comptes ».
3. Communication interne : Création d'un intranet ; Refonte des groupes Facebook avec des administrateurs issus des comités
4. Transparence des référents des comités et des membres du Collectif : Liste des référents avec téléphone, adresses mail et Facebook ; Liste des membres du Collectif avec fonctions.
5. Les réunions des comités sont ouvertes aux observateurs du Collectif et des autres comités.

Réunion de l'après-midi avec le Collectif de 14h50 à 17h
Animateurs : André, Thierry, Corine, Jean-Pierre, Claire, Yves.
- Informations sur le courrier envoyé au Président Hollande. Il lui est demandé de venir en Bretagne, mais pas à Rennes (« la future station RER bretonne »)
- Information du Collectif sur les discussions de la matinée et sur les 5 décisions prises. Discussions.
- Rappel : Les comités ont été créés après le rassemblement de Carhaix, le 30 novembre 2013. Actuellement, 63 ont été validés.

- Le Collectif s'est créé de façon hétéroclite : ouvriers de l'agro, paysans, transporteurs, pêcheurs, commerçants... Il ne doit pas se politiser. Il se réunit tous les 15 jours environ. C'est une association de fait.
- Il faut créer du lien entre le Collectif et les comités.
- Il faut que le Collectif prenne le temps de la réflexion avant de se prononcer sur les 5 décisions votées par les comités le matin.
- Les États Généraux ont été une étape importante. On vit des mouvements spontanés successifs.
- Les Bonnets Rouges ont une forte influence sur les sujets abordés par le gouvernement, et sur la façon de les aborder.
- Si nous gagnons sur l'écotaxe, nous pouvons gagner sur nos 10 autres propositions, qui sont indissociables.

- Peut-on faire évoluer les 11 revendications, notamment sur l'agriculture ? Oui, on peut retrouver l'agriculture à partir des tags. Il faudra, dans les prochains cahiers de doléances, pouvoir distinguer ce sujet. Néanmoins, attention à ne pas tomber dans des sujets trop sectoriels, mais raisonner au niveau de l'emploi et du travail.
- La finance est un sujet central. Oui, le budget de la région Bretagne est ridicule par rapport à celui de l'Écosse ou de la Catalogne.
- L'identité bretonne est fédératrice. C'est ce qui nous rassemble.
- Marque « Bonnet Rouge ». Le tribunal se déclare incompétent. Thierry est condamné à 600 € pour « requête abusive ».
- Il faut travailler sur l'emploi. Si Tilly-Sabco tient le coup, c'est grâce aux Bonnets Rouges.
- 19 avril : manifestation pour la réunification à Nantes. Il faut venir nombreux.
- « Radicalisation ». Le terme pose question. Si Hollande ne répond pas, nous devrons réagir. Au Pays de Galles, cela a correspondu à un flot d'actions à la fois pacifiques et illégales qui ont engendré des amendes qui n'ont pas pu être traitées, vu le nombre et les refus de payer.
- Action locale sur le barrage de la Rance : Pas de réponse du Collectif. OK, mais action locale.
- Décharge de Brocéliande. Il faut d'abord que la question soit prise en main par un comité local, qui demandera le soutien des comités locaux, avec l'aval du Collectif.

Message du Collectif aux comités locaux

23 avril 2014

Le Collectif « Vivre, Décider et Travailler au Pays » a entendu les remarques, les critiques, les appels et aussi les encouragements qui ont été émis samedi dernier lors de la réunion de Loudéac.

Il s'est réuni et se réunira encore pour en faire la synthèse et avancer des propositions constructives, dans la lignée de ce qui a été dit à Loudéac. L'objectif est de donner aux comités la place qui leur revient dans le mouvement des Bonnets Rouges.

Les moyens d'expressions officiels du collectif *Vivre, Décider et Travailler en Bretagne* sur internet sont les suivants :
Le site internet : http://bonnetsrougesbzh.eu/
Le compte Twitter : https://twitter.com/BonnetRougeBZH
La page Facebook :
https://www.facebook.com/BonnetsRougesOfficiel
Le compte Google :
https://www.google.com/+LesBonnetsRouges
La messagerie officielle : bonnetsrouges.officiel@gmail.com
Le mail de contact presse : collectif.vdt.bzh@gmail.com
Au vu des tensions générées autour de l'expression sur Facebook, les autres pages gérées par le Collectif seront soit supprimées soit transmises aux comités locaux. En conséquence, elles ne pourront être considérées comme l'expression du Collectif *Vivre, Décider et Travailler en Bretagne* sur internet.

Le Collectif souhaite établir le meilleur rapport possible avec les comités. Nous devons trouver le bon équilibre entre l'autonomie locale, qui permettra de libérer les énergies, et la cohérence d'ensemble, qui nous donnera la victoire. Nous devons construire une organisation non-pyramidale et démocratique. Pour commencer, à raison de 2 élus par département, les comités seront représentés au niveau du Collectif. L'assemblée des comités doit avoir une fonction précise et concrète de liaison inter-comités. Facebook n'est pas le moyen adapté à cette fonction de liaison. Il capte les énergies et les rend inutiles ou toxiques.

Les premières revendications des Bonnets Rouges ont été complétées par les doléances des Bretons, synthétisées en 11 points. Ceux-ci doivent nourrir une nouvelle espérance et apporter solidairement de nouvelles réponses à la situation de dégradation économique et de casse de l'emploi.
Tous les Bretons, au-delà des Bonnets Rouges, associations, syndicats, partis ou groupes de réflexions peuvent s'approprier les doléances qui nous avons recueillies et synthétisées.
Pour le mouvement des Bonnets Rouges, l'emploi reste le cœur des préoccupations.

Le Collectif souhaite mettre en garde sur les volontés de récupération du mouvement et reste vigilant pour que l'image et les valeurs portées par les Bonnets Rouges ne soient pas détournées ni ternies.
Si nos revendications sur l'économie et l'emploi sont gagnées, les autres revendications viendront plus facilement. Nous comptons sur vous pour garder cette ligne, expliquer au plus grand nombre nos revendications et renforcer davantage le mouvement des Bonnets Rouges.

Compte rendu de la réunion du 5 juillet 2014

Réunion des comités Bonnets Rouges à Carhaix
Présents : 220 personnes environ
Accueil par André ; Introduction par Jean-Pierre

Retour sur l'activité des mois passés (manifestations, doléances...)
Perspectives et actions à court terme : s'engager pour l'emploi, pour la réforme territoriale, pour la taxe de transit (remplaçante de l'écotaxe) et pour les procès.
À plus long terme, être un fer de lance d'une gouvernance bretonne.
Nécessité de s'organiser et de former des cadres.

Interventions résumées par thème

Structuration des Bonnets Rouges : pour éviter une démobilisation et garder l'unité du mouvement, nécessité d'avoir de la transparence dans le fonctionnement ; étudier la possibilité de réunions inter comités ; ne pas se tromper d'adversaire ; avoir une vraie stratégie. Il faut restaurer de la confiance et du respect et faire preuve de tolérance. « Laisserons-nous le vent nous disperser ou devons-nous resserrer les mailles ? ».

Méthodologie : constituer des groupes de travail sur les 11 points des doléances. Mettre en place des actions pour trouver des fonds (plutôt du ressort des comités ou inter-comités).
C'est au Collectif d'organiser les grandes manifestations.

Communication : employer un langage simple pour mieux se faire comprendre ; mieux expliquer qui sont les Bonnets Rouges pour tordre le cou à des à priori ; faire du « tractage » sur les marchés, dans les festivals... Ne pas négliger Twitter, réseau social qui constitue aussi une source d'inspiration pour les journalistes. Utiliser l'intranet (en phase de test pour l'instant).

Actions
Différentes actions ont été proposées et demandent le soutien du Collectif des Bonnets Rouges : soutien pour le procès du « gang des crêpiers » le 4 août à Nantes, soutien aux familles du Bugaled Breizh, actions contre le RSI en Septembre, etc.
Certaines actions peuvent avoir des conséquences graves : nécessité d'une formation.
Sept groupes de formation ont été constitués avec de nombreux inscrits, (pour les renseignements voir avec Stéphane R).
Continuer de soutenir la réunification et de s'opposer au projet actuel de réforme territoriale.
Le **rôle** d'un Comité Bonnet Rouge : être une sentinelle de l'emploi.

Soutien à des projets
Des projets sont proposés : Lampaul Agro (ex abattoir Gad dans le Léon), port en eau profonde de Keraret (Tregor), Spi evit an holl (tour de Bretagne promotionnel de port en port) ...

Conclusion par Corinne, Thierry et Christian
C'est un mouvement jeune et il reste beaucoup de choses à faire.
Non à la violence mais non pour tendre la joue et en prendre une autre (Corinne)
La vraie violence, c'est celle que l'on vit quotidiennement avec des contraintes qui nous laminent (Thierry)
La dissolution des Bonnets Rouges souhaitée par le parti socialiste est ratée, nous sommes encore là. Il faut trouver la bonne organisation pour maintenir et développer le mouvement. Restons unis dans l'esprit du départ pour décloisonner la société (Christian).

Réunion générale des membres des comités locaux Bonnets Rouges en septembre (date à définir).

Accueillir plus de 200 personnes (150 étaient inscrites) en réunion et restauration pour une participation individuelle bien inférieure à 10€ et ceci dans des conditions de bonne convivialité reste un défi. La prochaine réunion aura probablement des contraintes plus fortes encore si on imagine des groupes de travail.

Certains souhaiteraient une ville plus centrée en Bretagne. L'écart en temps serait de l'ordre d'une 1/2h en moins pour les uns, en plus pour les autres et les contraintes organisationnelles bien plus importantes.
Alors, ok pour continuer à jouer Carhaix-Karaez au moins la prochaine fois ?

Compte rendu de la réunion du 11 octobre 2014

Réunion des comités Bonnets Rouges à Carhaix

Accueil par André ; Introduction par Jean-Pierre

Entrée dans la saison 3 du mouvement pour l'inscrire dans la durée et le structurer en profondeur.
Les sensibilités se sont manifestées dans le Collectif et dans l'ABBR (Assemblée des Bonnets Rouges), deux structures transversales qui engendrent des rivalités. Il faut casser le miroir.

STRUCTURATION ET PROJETS

Groupe Frelons

Monter des actions "happening" sans violence ni détérioration, créer un rapport de force. Compter sur l'effet de surprise. Communiquer discrètement. Chaque comité doit donner un mail opérationnel et faire circuler l'info. Contact : Yoran

Formation

En interne, s'organiser pour que les groupes travaillent ensemble sur les mêmes méthodes. Inciter les jeunes (et les autres) à venir à ces stages de "désobéissance civile". Coût : 750 € (plus il y aura de monde, moins cela coûtera à chacun). Il est demandé à chaque Comité de désigner au moins une personne pour suivre cette formation. Contact : Padrig
En externe, s'organiser pour que les Bonnets Rouges soient les formateurs des Bretons et animent leurs territoires. Sujets

possibles : Histoire, démocratie, mutualisme... Un catalogue est en cours.

Conseil des comités locaux
Objectif : créer un organe de liaison entre les différents comités, créer une synergie de réflexion, d'action, de solidarité. Contact : Gilles.

Breizh TPE
Objectif : créer un comité qui s'occupe des problématiques des TPE. Contact : Claude.

Pôle ouvrier
Pôle à structurer et à pérenniser. Il appelle à la manifestation de soutien à la Seita le 14 octobre à 10h30 devant la gare sud de Nantes. Contact : Olivier A.

Protection sociale
Témoignage d'Yves, boulanger à Plouay, qui est sorti du système RSI et a choisi une caisse anglaise.
Projet de mutuelle pour tous (coût 40 à 50 % inférieur à ce qui existe), avec le soutien de l'association Bleu Blanc Zèbre. Trouver des mairies pour que les gens s'impliquent localement.
Recherche d'un professionnel de santé pour aider à monter ce projet.
Autre avantage de l'initiative : faire des Bonnets Rouges une force de propositions.
Contact : Christophe.

Finances publiques
Faire un état des lieux des finances publiques pour l'été prochain, créer un observatoire. À partir des chiffres, faire des préconisations. Montrer qu'on joue dans la cour des petits et que le centralisme nous pénalise. Contact : Yves.

Assemblée des régions de l'hexagone
Tisser des liens culturels et économiques entre les régions. Contact : Stéphane D.

Pôle média
Comment créer un pôle média pour être au plus près de l'actualité. (Lire la pièce jointe). Contact : Nelly.

ACTUALITÉS

Transports sur les îles
Rappel de la problématique : augmentation des tarifs des traversées, ce qui a des conséquences sur l'économie, l'accès au soin, l'accès à l'éducation... Situation pré-insurrectionnelle. Demande de soutien et de gens compétents. Contact : Comité Gerveur Belle-Ile.

Nouvelle écotaxe
Nouveau contexte avec le report du péage de transit poids lourds. Ce succès est la première traduction visible de l'action des Bonnets Rouges. Espoir que d'autres revendications soient satisfaites. Prochains sujets à travailler : la distorsion de concurrence et le dumping social. Contact : François.

Revendications sociales PME et artisans
Demande de soutien à la création d'un pôle TPE. Les artisans crèvent mais crèvent tout seuls. Ils n'osent pas manifester par crainte du qu'en-dira-t-on sur la santé de leurs entreprises. Contact : Bruno.

Les problèmes sociaux
Tilly-Sabco : les délais sont courts pour trouver un repreneur.
Seita : Rappel de la manifestation du 14 octobre. On est au cœur de la question du dumping social puisque la Seita licencie ici mais s'agrandit en Pologne où elle embauche.
Gad : échec de Lampaul Agro qui n'a pas été soutenu par les politiques malgré la pertinence économique du projet

Contestation paysanne
Solidarité entre les légumiers et le BR emprisonné. Le soutien s'est surtout fait par des communiqués dans les médias. Thierry a confirmé que les agriculteurs continueraient d'apporter leur soutien logistique tout en précisant qu'il n'y avait pas qu'eux et que d'autres étaient aussi concernés.

Procès et inculpations

Procès des 11, Jo et Jérôme, le "gang des crêpiers" à Nantes, la condamnation d'un Bonnet Rouge à Poitiers... Il est à signaler que dans ces affaires, les avocats travaillent bénévolement.

Drik : il est soutenu par les BR. Il a trouvé du travail et se soumet à son contrôle judiciaire.

Portique de Guiclan : 7 personnes passent au tribunal le 30 octobre. Mobilisation à prévoir.

Infos diverses

Amélie : manifestation à prévoir devant le Conseil régional de Bretagne à Rennes à l'occasion de leur dernière session 2014.

Claire : mise en place d'intranet en décembre (plus sécurisé que Facebook).

Conclusion par Christian

Les Bonnets Rouges ont fait émerger une solidarité bretonne qui a donné enthousiasme et espoir à la société bretonne.

Nous avons montré notre capacité à résister et à innover. Nous avons réussi à décloisonner la société, ne revenons pas au corporatisme.

Maintenant construisons un projet politique pour la Bretagne.

Compte rendu de la réunion du 14 février 2015

Réunion des comités Bonnets Rouges à Carhaix
Présents : 120 personnes environ

Accueil par André ; Introduction par Jean-Pierre
Secrétariat par Anne-Edith et Marie-Ange

Depuis notre dernière réunion il y 4 mois il y a eu un échec cuisant, celui de la réunification, c'est un gros pavé dans la mare. Si 2014 a été hyper riche en actions, 2015 devrait l'être au plan politique avec 2 élections dont notamment les régionales.

Situation actuelle
- **Tilly-Sabco,** Corinne. Il a été très difficile de maintenir les emplois, manque de volonté politique. Il est resté 120 salariés sur le carreau. 202 personnes reprises : actuellement, 1/3 temps chômage partiel, 1/3 temps formation, 1/3 temps travail. L'activité abattage devrait reprendre en mars. Merci pour le soutien des BR.
- **Situation de l'agriculture**, Thierry. Les BR ont joué le jeu. La perte de Gad à Lampaul a été un drame. On ne pouvait pas accepter la perte de Tilly-sabco à Guerlesquin. Tout le monde a travaillé ensemble. L'agriculture va très mal : s'il n'y a pas d'organisation de producteurs, au niveau de Bruxelles, on entrera dans de nouveaux conflits. Il faut reprendre le pouvoir. Des paysans veulent arrêter. Il faut réfléchir à ce que deviendrait la Bretagne s'il n'y avait plus de producteurs.
Le coût de la solidarité, Thierry. La FDSEA a créé un compte « Collectif pour l'emploi » afin de prendre en charge les frais d'avocat. Je ne comprendrais pas qu'il n'y ait pas un soutien des entreprises qui ont bénéficié de l'arrêt de l'écotaxe. Il faut une solidarité bretonne. Que les comités mettent tout en œuvre pour envoyer des moyens et interpeller les entreprises.
- **Portique de Lanrodec**, Jo. Pour le portique, je suis condamné à 3 mois de prison avec sursis + 1,3 million d'amende. Cela sera rejugé en novembre. Je suis le seul inculpé alors que d'autres ont reconnu

avoir participé à l'opération. Je suis un bouc émissaire. Nouvelle décision : le 5 mars.
J'en suis à 12 000 euros de frais de justice et mon comité de soutien a récolté 7 000 euros. Les entreprises qui ont été bénéficiaires de la suppression de l'écotaxe ne mettent pas la main à la poche. Ils disent qu'ils voudraient bien mais ne peuvent pas. Il faudrait leur faire comprendre plus fermement. On continuera de faire des animations, dont un fest-noz en avril, un concert à Lanrodec fin juin, une Fête du portique en août.
- **La réforme territoriale**, Yannick. La réforme est votée malgré l'opposition de milliers de personnes descendues dans la rue. Sans la Loire-Atlantique, on se prive de 40 % du PIB du pays. Nous, coordination 44, interpellons le Collectif : allons-nous rester les bras croisés ? Non. Que soit organisé un rassemblement citoyen à l'initiative du Collectif Vivre, Décider, Travailler en Bretagne.

Les chantiers

- **Breizh TPE** (Très Petites Entreprises), Claude. Nous avons créé une asso et commencé à structurer nos actions. Les TPE apportent une réponse à des besoins primaires : se loger, se soigner, se nourrir. Mais elles sont en danger : trop de règlementation, de législation. Face à cela, le travailleur indépendant ne peut rien. Une solution : s'unir, se soutenir. En 2015, on va s'attaquer au RSI (Régime Social des Indépendants) : combat difficile car adversaire puissant. Il nous manque le nombre. Nous avons besoin des BR pour faire savoir que nous existons. Adhésion : 25 euros

- **Groupe Frelons**, Gérard. But : faire des actions coup de poing, maintenir une pression : il n'y a pas assez de volontaires. Il faut élargir le recrutement au-delà des BR.

- **ANH, Association des Nations de l'Hexagone**, Stéphane D. C'est validé comme asso 1901. Reconnaissance des peuples minoritaires de l'hexagone. But : associer la Bretagne, la Savoie et la Corse, le Pays basque et l'Alsace. C'est une occasion d'avoir une tribune. Rendez-vous avec UNPO prochainement en Savoie. J'y exposerai aussi le cas de Jo. Jean-Pierre : cette initiative est une sorte de missile guidé, avec un but unique : obtenir pour les nations de l'hexagone un statut de minorité nationale, statut reconnu par l'Europe.

- **Desserte des îles,** Olivier F. Groupe de travail sur les dessertes maritimes pour trouver des solutions et faire pression sur les autorités. Le Conseil régional va récupérer la compétence transports sur les îles, nous devrons influer pour que la politique soit plus proche de la population.
Le groupe de travail réunit personnalités de la société civile bretonne + insulaires. Le problème va au-delà de la desserte : commerce, santé... À nous de proposer des projets. Il nous faut faire travailler des jeunes, chiffrer des projets. Un schéma directeur a été réalisé. Merci aux BR + au Collectif.

- **Le Conseil des Bonnets Rouges,** Sabine et Bertrand. C'est une pépinière d'idées, un espace fédérateur. Il est conçu horizontalement sans pouvoir centralisateur. Chaque idée doit être encouragée. Une liste de diffusion a été créée, chacun peut s'y inscrire. 4 groupes :
    - Comité thématique pour informer sur un thème
    - Groupes réflexion pour échanger idées
    - Groupes travail, on fait des synthèses et cela donne naissance à un chantier
    - Chantiers : méthanisation, finances, identité, réunification

Un groupe travaille sur une charte comportementale.
Les Comités Locaux (CL), les Comités Thématiques (CT), les Groupes de Travail (GT) quel que soit leurs statuts (groupe informel, association, etc.), les Chantiers et toutes les personnes à titre individuel qui veulent recevoir et/ou transmettre des informations à l'ensemble des Bonnets Rouges le demandent au Conseil des Bonnets Rouges par un simple courriel.
Quand l'inscription sera réalisée, chaque demandeur recevra un courriel confirmant son inscription et lui rappelant l'adresse mail du groupe, sachant que cette adresse s'utilise comme une adresse mail classique. Ensuite, rien d'autre à faire qu'à travailler, échanger de façon constructive et informer pour « Vivre, Travailler et Décider dans une Bretagne à 5 départements ».

- **Mutuelles**, Christophe. Rencontre avec six communes mais la prestation de 12 000 € a démotivé nos interlocuteurs. On va changer notre manière de faire. Demander des frais d'adhésion pour ceux qui veulent souscrire. Certains membres ont créé à Auray « Re zo re ». 1er contrat de mutuelle signé. Re zo re le propose à toutes les communes. Une condition : être à jour de cotisation à Re zo re (10 € par an). Proposition de mutuelle : 70 € par mois sans questionnaire de santé, prise en charge dans les 15 jours. Asso travaille sur assurance décès.

- **Formation**, Jean-Pierre. Il faut trouver quelqu'un qui s'occupe de la mise en place de conférences (Histoire de Bretagne, économie, droit...). Hervé : besoin de formation dans divers domaines économiques. Propose d'organiser dès mars à Carhaix une réunion avec un expert de la banque.

- **Projet TAFTA**, Brigitte. Traité de libre-échange entre les États-Unis et l'Europe. L'UE négocie à notre place un traité qui nous concerne mais pour lequel nous ne sommes pas informés. Opacité de la négociation. Les entreprises transnationales pourraient attaquer les États quand ils font des opérations acceptées dans leur pays et non acceptées dans le nôtre. Que les BR manifestent contre ce Traité ! Pour réagir, rejoindre un collectif anti Tafta.

- **Finances publiques**, Yves. Les comptes publics de Bretagne sont en déficit. Le dossier Retraites est le plus gros dossier. Les cotisations perçues en Bretagne ne suffisent pas à payer les retraites. Les collectes d'impôts ne couvrent pas les dépenses. Nous pouvons proposer des solutions de redressement. Seule la dimension régionale permet maîtrise et contrôle. Projet d'un ouvrage sur les finances publiques avant les élections.

Projets

- **Projet de Gazette**, Mary. Il nous faut informer, sensibiliser, fédérer. Idée de gazette mensuelle. Chaque article permettra d'informer, d'inciter à réfléchir. Nous sommes 5 actuellement. Nous avons besoin d'un photographe, de dessinateurs... Un nom pour le journal ? Si vous voulez faire connaître un projet, diffuser une nouvelle,

- **Notre Dame des Landes**, Michel. 2015 devrait voir abandon ou reprise du projet NDDL. Il est incohérent alors que Nantes Atlantique peut être aménagé, cela coûterait deux à trois moins cher que le projet NDDL.

- **Transports des îles**, Yannig : il y a aussi l'économie des îles, il faut faire une asso des îles vraiment bretonnes. Comparer la situation des îles en Bretagne et en Europe. Les îles bretonnes n'ont aucun pouvoir pour gérer leurs affaires.

- **Monnaies locales** : Au pays basque, la monnaie locale est devenue la 1ère de l'hexagone. Il faudrait créer une vraie monnaie locale.

- Politique linguistique : situation catastrophique. Il est temps de faire quelque chose. Nous proposons d'organiser des États généraux pour approfondir les 10 ou 11 points des doléances.

Questions diverses

- Gwenaël, Locminé/Pontivy : 9 mars, avec d'autres assos, déplacement contre le RSI à Paris avec Sauvons nos entreprises. Des cars sont prévus. Nous avons constitué un petit collectif pour défendre des dossiers.
- Noël, Bugaled Breizh. L'affaire revient au tribunal en mars. Les BR peuvent-ils faire quelque chose ? Il semblerait que le comité de soutien « Bugaled Breizh » n'ait pas envie de se mélanger aux BR.
- Course Frappadingue à Lamballe. On cherche le soutien de BR pour intégrer l'équipe et faire un « club BR »
- Podemos, Bertrand. Ils se structurent, il faut regarder de plus près.

Réflexion sur l'avenir de ce type de rencontres

La formule d'une réunion plénière tous les 4 mois semble convenir ; alors, la prochaine peut-être en Juin !

Des personnes sont Bonnets Rouges mais n'appartiennent pas forcément à des comités. Que ceux qui veulent être sur la liste de diffusion se mettent en contact avec Bertrand.

Compte--rendu de la réunion du 26 juin 2015

Réunion des comités Bonnets Rouges à Carhaix

Animateurs de séance : André, Jean Pierre

Les Bonnets Rouges ne constituent pas un parti, mais un réseau où on peut échanger et s'organiser. L'objectif est de construire ensemble la Bretagne, même si nous sommes différents. Ne restez pas isolés ou inactifs, participez aux groupes.

L'activité des différents groupes

Claude, TPE. Breizh TPE (association) rassemble des TPE (très petites entreprises, artisans, commerçants, travailleurs indépendants). Nous sommes dans la phase action – 1ère partie revendicative : manif à Rennes en septembre.
La 2è partie sera constructive pour tracer le chemin de la réussite. L'avenir des TPE est celui des territoires.

Jean Pierre C., mutuelles territoriales. Re zo re, association sans but lucratif, a été créée il y a un an. On a négocié avec des mutuelles à des bonnes conditions. On a obtenu un tarif unique (48 €/mois). On demande une petite adhésion de 10 €. Un millier d'adhérents maintenant. Nous négocions aussi avec la Sécurité Sociale un contrat partenariat pour que le RSI soit intégré dans le régime général.
Nous avons fixé un ultimatum au RSI : si rien n'est fait pour la fin de l'année, nous créons notre propre système de financement. Le conseil général 56 invite ses adhérents à prendre ces mutuelles collectives.
Autre action : nous construisons des maisons de santé, une en projet du côté de Josselin. Nous avons les financements, l'Europe nous aide. J'ai mis à disposition mes brevets de constructions à partir de containers marine pour édifier ces maisons de santé. Plus

tard, on prévoit de fabriquer des lunettes made in Bretagne. Tout ceci génère des créations d'emplois.
Yannig M., mutuelle étudiante : L'objectif est d'accompagner les étudiants dans leur cursus, en mettant une mutuelle à leur disposition. Projet aussi de partenariat bancaire pour les démarches de logement.

Stéphane, ANH (Association des Nations de l'Hexagone). Objectif de l'ANH : reconnaissance des nations de l'Hexagone (Bretagne, Savoie, Corse, Alsace, etc.) comme « minorités nationales » selon les droits européens et internationaux. Pour obtenir ce statut, la solidarité entre les minorités de l'Hexagone est nécessaire. Premier pas : adhésion à l'UNPO, qui représente les nations sans État au niveau européen et à l'ONU. Des rencontres ont eu lieu en Savoie et en Corse, où l'ANH a été reçue officiellement.
Nécessité de médiatiser ces actions et de les relayer auprès des différentes minorités.
L'ANH a ouvert un pôle sport et un pôle musique, dans la mesure où beaucoup de jeunes passent par le sport et la musique. Des groupes et des bagadoù vont rejoindre le pôle musique. Idée : rassembler dix artistes par région, jouer un rôle d'impresario pour créer des échanges et éventuellement monter un festival.

Brigitte, TAFTA. Comité de travail anti Tafta pour lutter contre le traité transatlantique entre États-Unis et Europe. Agriculture première visée par ce traité. Pétition : + de 2 millions de signatures. Elle veut prendre de l'ampleur jusqu'à la Cop 21 à la fin de l'année. (Stoptafta.org)
Bonne nouvelle : les députés européens se sont opposés au TAFTA, les résolutions ont été reportées.
Il serait intéressant d'agir localement, monter un collectif. Faire connaître le Tafta aux conseils municipaux, montrer l'incompatibilité avec intérêts de la commune. Les amener à se positionner. Même démarche au niveau des CCI, des communautés d'agglo. Interpeller la Commissaire européenne.

Yoran, groupe Frelons. Frelons, groupes d'intervention des Bonnets Rouges (non-violence et désobéissance civile). But : médiatiser et maintenir la pression. On est 80 volontaires.

Difficulté : une exigence devrait prévaloir : celle de répondre à toute sollicitation même si c'est pour dire non, quelle que soit la raison. L'organisation en dépend. On ne peut pas monter de grandes opérations, faute de combattants.
Parmi les projets : Gratuité des routes en Loire Atlantique, ce qui permet aussi de réaffirmer l'appartenance du 44 à la Bretagne.
Reprise des stages de désobéissance civile à l'automne.
Rappel de la manifestation du mardi 30 juin à 18h, devant les préfectures des 5 départements.

Yannig B., langues et culture. État déplorable des langues de Bretagne. Breujoù Breizh, les états généraux sur le sujet, ont eu lieu le 25 mai à St Avé et ont été un succès.
Huit points vont être présentés aux candidats non extrêmes au régionales. Ils recevront un dossier avec les éléments de réflexion. But : savoir ce qu'ils en pensent. Les réponses seront diffusées auprès de 30 000 contacts.
Que la Région applique ce qu'elle a promis.
Que l'enseignement des filières bilingues se fasse à parité d'objectifs.
Que soient créées des licences d'enseignement bilingue (et trilingue) avant le master. Que l'orthographe soit améliorée pour les fins de mots.
Que la culture bretonne et l'Histoire de Bretagne soit développées à l'école (pourquoi pas utiliser cela dans les Tap).
Que soient développés des media modernes en direction des jeunes.
Que la Région exige la compétence en matière linguistique. Il faut notamment demander l'application de la Constitution.
Que la Région demande la ratification de la Charte européenne sans se limiter à certains articles.

Yoann, projet obcr.bzh. Groupe de réflexion sur les prolongements aux doléances et sur les formes de démocratie participative à mettre en place.
- 1ère réalisation : le site ober.bzh. Allez-y voir. But : donner de la visibilité aux projets issus des doléances. Plateforme sur laquelle on peut proposer projets, proposer ses compétences pour réaliser les projets. Site public qui permet de mettre les gens en relation.

- 2ème axe : évolution des systèmes démocratiques que l'on observe dans le monde, liés à internet. Voir ce qui peut être mis en place en Bretagne.

Michel, Notre Dame des Landes. Nantes Atlantique n'est pas saturé (308 ha), 4 millions de passagers. Il a juste besoin d'être réaménagé. Pour NDDL, on ne parle pas de la liaison Rennes/Nantes qui coûterait entre 2 et 3 milliards d'euros. Les 11 et 12 juillet, grand rassemblement annuel sur le site.
Un groupe de Bonnets Rouges pourrait se construire sur le sujet, pour qu'on y voit un peu plus de Gwenn ha Du.
Autre Info : 65 inspecteurs de RG envoyés en Bretagne ! Nous créons de l'emploi. Contact : bonedouruzgwened@gmail.com

Bertrand, Conseil des Bonnets Rouges. Une liste de diffusion existe, il faut l'utiliser. Le Conseil relaie toutes les informations qui lui parviennent. Il est nécessaire de s'inscrire pour recevoir les informations

Armand et Olivier F, Desserte des îles. Mobilisation retombée. Difficile de fédérer. Nous nous concentrons sur quelques objectifs. Nous avons rédigé un texte qui va être adressé à la Commission européenne et à l'Esin (îles de l'Europe). Nous voudrions un statut spécifique des îles bretonnes. Contact : XXX@gmail.com

Jean Pierre, formation. Une seule formation a eu lieu, sur la désobéissance civile. Il faut relancer le projet. L'idée est de créer un catalogue de conférenciers et de thèmes possibles (animateur : Hervé). Il faudra ensuite trouver dans chaque comités des organisateurs de formation, soit formation réservée aux Bonnets Rouges (désobéissance civile par exemple), soit ouverte à la population locale (histoire de Bretagne, économie, etc.)

Yves, Travaux sur les flux des finances publiques, B4 et B5. Un document de synthèse sera publié en août-septembre. Un plan d'action pour l'économie bretonne suivra. La gestion décentralisée des finances publiques est la bonne voie à emprunter. Contact : XXX@wanadoo.fr

Actualités

Gilles, filière porc. Une de nos forces c'est le système de coopération, mutualisation. La filière porcine est une belle réussite économique, avec des enjeux importants (environnement et valeur ajoutée).

Thierry, agriculture. L'agriculture va mal. Les repreneurs sont plus rares. Des pays dans le monde ont pris conscience que l'agriculture est stratégique et qu'il faut conforter ce secteur. La France non. On oppose les agricultures, les circuits.

Ce qui préoccupant, c'est la barrière Rennes-Nantes. Entre Rennes, Nantes et Brest, il y a les territoires ruraux. Attention à la "pensée urbaine" qui va décider pour nous. B5 est une nécessité.

Actualité judiciaire : actions en cours (Drik, Jo, Guiclan avec 6 prévenus, St Allouestre, action contre l'État de Mikael Cueff...). Il faut qu'on trouve les moyens de les aider, on ne peut pas les laisser payer seuls.

Thibault, Tour de France. Que les Bonnets Rouges soient sur le parcours du Tour de France pour mettre des banderoles sur la réunification, sur 'Vivre, décider et travailler au pays'. Être tout le long du parcours, pas en groupe. Contact : bonnetsrougesdinan@gmail.com

Brigitte -- Encourager les votations citoyennes organisées par Dibab ainsi que l'installation de panneaux 5/5 dans les communes. L'inauguration de plusieurs panneaux va avoir lieu.

Élections régionales : qu'ont à dire les Bonnets Rouges ? Il faut tirer dans le sens de l'unité. Nous représentons la Bretagne qui bouge et qui travaille. Il faut mettre en avant les 11 doléances des Bretons des États Généraux du 8 Mars 2014 à Morlaix.

Ne pas hésiter à consulter le site construirelabretagne.org qui diffuse des articles de fond sur les problématiques de la Bretagne à 5 départements.

Fête de la Nation bretonne le 1er août à Trans-la-Forêt (nord du 35)

Prochaine réunion plénière : 24 octobre 2015 à Carhaix (9h30 – salle précisée ultérieurement)

Merci à Anne-Edith et Marie-Ange pour le compte rendu.

Compte rendu de la réunion du 24 octobre 2015

Réunion des comités Bonnets Rouges à Carhaix

Accueil par André ; Introduction par Jean-Pierre

Les Bonnets Rouges sont devenus un mouvement d'auto-organisation de la société civile bretonne. Les Bonnets Rouges doivent exister comme un réseau et non comme une pyramide. Plus il y aura de Bonnets Rouges dans les institutions, mieux ce sera. La société civile bretonne a besoin de relation avec les univers politique, culturel et économique.
INTERVENTION DE CHRISTIAN. Par l'action, on a fait reculer le gouvernement sur l'écotaxe. On peut le faire reculer sur d'autres questions. Il faut construire un vrai projet pour la Bretagne. La situation économique est catastrophique, on nous cache les vrais chiffres. En 7 ans, (chiffres Insee) 120 000 chômeurs de plus en B. Faites le bon choix, votez pour la Bretagne.

CONTRIBUTIONS

- **Yannig B.– Langues et cultures** – Breizh ImPacte reçoit le soutien de 8000 personnes en Bretagne. Rappel des Breujoù Breizh à St-Avé puis à Kergloff. État des réponses des candidats sur l'avenir des langues. Les listes consultées pour les élections régionales ont répondu favorablement, sauf pour l'orthographe où plusieurs s'abstiennent. Attention, avec la Charte des langues telle qu'elle est présentée, les écoles immersives comme Diwan ne seraient pas reconnues.
Rien n'empêche la Région ou des municipalités de ratifier la charte elle-même, mais sans le préambule que le gouvernement veut imposer.

Claude - Breizh TPE - Breizh TPE est une association qui rayonne sur les 5 départements. L'objectif est d'assurer la vie des entreprises et la pérennité de l'emploi. Ceux qui prennent décisions au niveau central sont dans l'attente d'une croissance fantomatique. La croissance dépend de l'emploi. Pour créer l'emploi, il existe des recettes et en particulier laisser les entreprises s'occuper elles-mêmes de leur développement, favoriser les nouvelles entreprises et impliquer les experts comptables dans l'accompagnement. Voir aussi les solutions présentées dans le livre « Le nouveau défi armoricain ».

Sylvain - Breizh 5/5. Bon développement pour cet outil de promotion de la Bretagne à 5 départements. Des communes nous appellent pour apposer des panneaux. 60 ont été mis en place actuellement. Un peu plus de mal en Loire Atlantique car pressions politiques. Que ceux qui connaissent des élus proposent de mettre des panneaux. Pas un seul parti est contre la réunification. On a fait des nouveaux produits (t-shirts, coupe-vents, autocollants, etc...)

Yannick M.- La réforme territoriale. Elle n'a pas été à la hauteur des espérances et enjeux. Les responsables agissent comme des barons. Les hautes instances ont séché leurs cours d'histoire. La débretonnisation de la Loire-Atlantique se fait sur les fonds publics.

Stéphane – ANH. L'Association des Nations de l'Hexagone travaille pour l'obtention du statut de minorité nationale. La Bretagne a adhéré à l'UNPO qui souhaite un partenariat avec nous. But : unir les minorités nationales de France et faire front ensemble. Également : projet de promotion culturelle par la musique et le sport. Projet de festival. Projet de création d'un pôle international pour représenter la Bretagne.

Groupe Frelons. Le groupe recrute toujours. Les actions reprendront après les élections. Contact : xxx@gmail.com

Yannig M. - Point sur les mutuelles territoriales. L'asso Rezore met à disposition une mutuelle. Offre sur les mutuelles étudiantes à la rentrée 2016.

Brigitte – Tafta. Point sur le grand marché Transatlantique. Ce traité nous mettrait à la botte des multinationales. L'opposition monte, en particulier en Allemagne. Manifestations organisées récemment dans toute l''Europe. Beaucoup ont signé une pétition d'initiative européenne déposée à Bruxelles : 3 millions de signatures. Suivre actualité sur https ://www.collectifstoptafta.org/

Olivier F. – Desserte des îles. Souhait d'obtenir pour les îles bretonnes un statut spécifique. Démarche vers la commission Européenne des îles et ESIN, qui est un lobby agissant pour les petites îles Européennes. L'actuelle association des îles du Ponant (îles du « grand ouest ») ignore la réalité insulaire.
Bilan saison 2015 : fréquentation record à Belle Ile malgré la hausse des tarifs, mais baisse de fréquentation des classes populaires. Problème quand même : emplois précaires, installations qui ne fonctionnent que quelques mois, manque de visibilité des petites entreprises locales.
Pistes d'amélioration : création d'une monnaie complémentaire locale. Toutes les bonnes volontés sont bienvenues.

Yoann - Projet "Sans eux" (ou « Nous-mêmes »). Qu'est-ce qu'on fait des doléances qui ont été recueillies ? Exemple de la Sté Uber qui remet en cause le monopole des taxis.
L'ubérisation est un mode de fonctionnement mis en place par des starts up, méthode bien perçue dans l'opinion. On a intérêt à s'en inspirer. Beaucoup de monopoles sont remis en cause (monopole politique, monopole de la monnaie, monopole de la justice, de l'éducation...). Il faut savoir apprendre vite, écouter les autres, créer, comme dans l'école 42 de Xavier Niel.

Olivier A. - Breizh Tobacco. Seita n'a pas eu à rembourser le CICE (Crédit d'impôt pour la compétitivité et l'emploi). Ce n'est pas normal alors que les TPE doivent la rembourser.
Notre projet (forme de Scop, production de tabac de qualité produit en Bretagne,) permettant de sauver 15 emplois a été rejeté. Les dirigeants de la Seita refusent de nous céder les machines et préfèrent les envoyer à la ferraille. Courrier au ministre de l'économie. Pas de dialogue social autre que la matraque. Une manifestation est prévue en novembre à Nantes et tout le monde est invité.

Jean-Pierre - Projet de formation. On recherche toujours quelqu'un pour s'occuper du pôle.

Faute de trouver un animateur polyvalent, le mieux serait d'organiser des conférences sur l'histoire de la Bretagne, ouverte à tous. On ne manque pas de conférenciers, et beaucoup de villages ou de librairies seraient intéressés par une animation. Qui est volontaire ?

Thierry - actualité agricole. Actions des Jeunes Agriculteurs du Finistère sur l'origine des produits (« viande de nulle part »). En septembre, ils ont décidé d'aller défendre le problème des charges à Paris avec leurs tracteurs. Bon accueil et gros succès.
Les députés n'ont rien compris. À Paris, ils ne sont plus Bretons mais Parisiens.
Question : pourquoi pas un syndicat agricole breton ? Réponse : vu de l'extérieur, les paysans bretons sont vus comme unis. Ne cassons pas ce qui existe.
Question : quelle est votre position concernant le Tafta ? On est inquiet notamment pour les normes sanitaires (carcasses de poulet au chlore, viande bovine aux hormones). Mais le monde laitier est favorable car il y a des marchés à prendre.

Michel – Notre Dame des Landes. L'aéroport est un projet breton, mais on ne voit pas assez de Bretons. L'ancien préfet de Loire-Atlantique et des Pdl a quitté la préfectorale et devenu cadre important de Vinci ! Sa femme était au Conseil d'État. Tout est dit !
Une contre-étude du projet a été réalisée sous la responsabilité de Françoise Verchère. On devait les comparer, rien n'a été fait. Si on gagne NDL, dit F. Verchère, ce sera par la rue.
Assemblée générale de l'ACIPA le 14 novembre.

Hervé - Actualités dans le Trégor. Journée internationale contre les projets miniers, près de 1000 personnes à Guingamp ce matin. Le Peuple des dunes : plus aucun recours. Il faut continuer de se mobiliser.

Yves – Le Nouveau défi Armoricain. Présentation du livre publié à la Coop Breizh (15 €). Ce livre fait, pour la première fois, l'état des lieux des comptes publics en Bretagne. La particularité de la Bretagne vient de son caractère honnête, visible dans les comptes de la santé et de l'éducation. Le déséquilibre vient du paiement des retraites, qui devrait être traité ailleurs, et pourquoi pas au niveau européen.

Yvon - Code des Libertés Bretonnes. Présentation du Code qui vient de sortir chez Le Temps Éditeur (distrib. Coop Breizh). Il s'agit d'une actualisation du Code paysan de 1675.

Compte rendu de la réunion du 18 juin 2016

Réunion des comités Bonnets Rouges à Huelgoat

Première partie. Récapitulatif des créations impulsées par les Bonnets Rouges

- Association des Nations de l'Hexagone
- Breizh TPE
- Mutuelles locales
- Langues et culture
- Breizh 5/5
- Groupe Frelons
- Projet « Sans eux »
- Etc.

Deuxième partie : Solidarité Bonnets Rouges
Action et procès en cours
Troisième partie. Qu'avons–nous d'original à apporter aux mouvements sociaux ?
Les mouvements sociaux se multiplient actuellement, mais ils patinent dans la choucroute. Que ce soit les paysans, les Nuit Debout, les opposants à la loi Travail, TAFTA, NDDL. Que pouvons-nous apporter ?
1- Le décloisonnement, contre les préjugés sociaux. Les Bonnets Rouges sont hétéroclites, dit-on. C'est pour cela qu'ils sont représentatifs du vrai peuple. Ce sont des paysans, des ouvriers, des chômeurs, des artisans, des transporteurs, des salariés et des patrons de petites entreprises. Nous avons créé un réseau beaucoup plus large que les réseaux liés à des appartenances

professionnelles, syndicales ou politiques. Nous sommes passés d'une revendication de caractère social à une revendication de caractère territorial. Notre territoire, c'est la Bretagne. Notre objectif, c'est le bien des Bretons. Nous avons créé des outils pour animer notre réseau (mailing list, pages Facebook, site, etc.). Un des enjeux de notre futur est de rendre ces outils efficaces et durables. Il faut les renforcer, les renouveler, construire de nouveaux médias. Il faut des volontaires pour s'en occuper.

2 -Notre capacité à recueillir et à analyser les doléances populaires. Tout le monde parle de démocratie participative. Seuls les Bonnets Rouges ont trouvé des méthodes pour faire remonter les revendications de la base, qu'elles s'expriment sous forme de coups de gueule, de témoignages personnels, d'appels aux pouvoirs institués ou d'appels à des pratiques responsables. Il faut le faire savoir et mettre notre expérience au service de mouvements sociaux qui en aurait besoin.

Quatrième partie. Faut-il dissoudre le Collectif ?

Le Collectif a coordonné la lutte contre l'écotaxe. On lui demande désormais de prendre position pour telle ou telle cause, d'être à la remorque de mouvements sociaux ou de commenter l'actualité du moment. Le Bonnet rouge est le symbole de la rébellion bretonne et appartient à qui veut le prendre. Le Collectif n'est pas un « Comité central » qui dicte aux militants ce qu'il faut penser, ce qu'il faut faire et ce qu'il faut se mettre sur la tête. Le Collectif organise le soutien aux inculpés et condamnés. Peut-il être utile à autre chose ?

Le chantier Bonnets Rouges pour les tud dizesket

- Une bonne idée appartient à tout le monde, jusqu'à ce qu'elle devienne un chantier.
- Pour qu'une idée devienne un chantier BR, il faut que soit défini :
    - Ce que l'on veut réaliser (un objectif unique : chaque chantier est un missile)
    - Comment on doit s'organiser (association de fait, association déclarée, syndicat, ou entreprise)
    - Les objectifs pour les 12 mois qui viennent
    - Ce qui est attendu (1) des Bonnets Rouges individuels (2) des Comités (3) du Collectif (4) des autres pôles
- Il faut écrire. Exposer ses idées et ses plans sur un papier ou sur un document numérique permet de les éclaircir, de les partager, et de devenir le coordinateur du chantier.
- À partir du moment où un chantier est lancé, (1) soit on y participe, (2) soit on n'y participe pas, (3) soit on demande au coordinateur une place d'acteur.
- Ça marche mieux et plus vite en activant les réseaux BR pour trouver (1) des moyens (2) des compétences (3) des appuis (4) des protections (5) des bénéficiaires.
- Être compétent donne des devoirs, mais aucun droit.
- Il faut se mettre d'accord sur des actions, pas sur des idées. Les idées évoluent quand la réalité se transforme et que l'on rencontre soit l'échec, soit la réussite.
- Exprimer ses opinions n'a rien à voir avec un chantier. Le chantier, c'est la réalité. Pour ceux qui ne s'intéressent qu'aux vérités, il y a Facebook et le bistrot d'à côté.
- Vouloir remplacer un autre Bonnet Rouge sur un chantier, sans lui en parler d'abord et sans son consentement, est une source d'emmerdements.
- Il faut toujours chercher à simplifier.
- Regardez bien autour de vous et vous verrez des gens intéressants.
- Si un chantier vous gave, ne le flinguez pas. Laissez-le vivre ou transmettez-le à d'autres BR.
- Nul ne sait quel chantier réveillera le dragon. Respectez-les tous.

CARNET D'UN BONNET ROUGE

Première publication :
Éditions Yoran Embanner, 29170 Fouesnant
Dépôt légal : avril 2014

Les différents chapitres peuvent se lire dans l'ordre que vous voudrez.

L'ouvrage ci-après n'engage pas le collectif des Bonnets Rouges. Personne ici n'est propriétaire des idées exprimées. Le lecteur, au même titre que l'auteur, peut se les approprier et s'en réclamer.

Le cœur au ventre

Je n'ai jamais milité pour aucune cause, jamais fait partie d'aucun parti politique, syndicat, groupe... j'y ai toujours vu quelque chose de dangereux qui broie la liberté et le libre arbitre. Et me voilà membre d'un comité local de Bonnets Rouges. Que s'est-il passé ? Que se passe-t'il ?

J'ai vu des gens envahir les rues en arborant des signes de reconnaissance. J'ai vu, entendu, ressenti la colère de ces personnes qui explosait comme un volcan trop longtemps silencieux. Ce volcan, il gronde en moi. Ce drapeau gwenn ha du que je n'ai jamais beaucoup aimé, c'est le mien. Ces gens, c'est mon peuple et leur bonnet rouge, ma colère.

Je suis un artiste dont la langue d'expression poétique est le français. J'aime cette langue qui est la mienne. Mais à moi, d'autres choses ont été arrachées et en moi, tant de choses n'ont pas été digérées... Mon histoire, la nôtre, remonte à il y a bien longtemps. C'est l'histoire d'un peuple intimement lié à la nature, qui a fait figure d'indigène pendant des décennies aux yeux d'un pays conquérant. L'histoire d'un peuple qu'une république « éclairée » va civiliser par des moyens efficaces. Pendant toute la première partie du 20ème siècle, il ne s'est pas simplement agi d'enseigner le Français, que tout le monde voulait bien apprendre, mais d'effacer définitivement le Breton et avec lui sa culture, son passé. Mon grand-père a d'abord porté le sabot infamant autour du cou quand par mégarde, dans la cour de récréation, un mot de sa langue maternelle sortait dans la joyeuse excitation du jeu. Il s'est ensuite engagé volontaire en 1916, alors qu'il n'était pas majeur, pour défendre les valeurs de liberté, d'égalité et de fraternité dans lesquelles il croyait. Il fit Verdun et revint avec une batterie de médaille quand son frère, moins chanceux, fut coupé en deux par une rafale de mitrailleuse en montant à l'assaut. Beaucoup d'autres de mes grands oncles et de nos ancêtres ont connu ce sort tragique. La république y régla une grande partie de son problème de langue bien trop étrangère. En 40, les garages sont réquisitionnés par les forces d'occupation et mon grand-père ferme son établissement pour ne pas collaborer. Il emploie son petit camion au transport de marchandises. La nuit, il exfiltre des pilotes anglais et américains vers les côtes paimpolaises. Mes autres grands-parents, paysans, hébergeront pendant un temps un jeune homme juif de Paris. Tonton Émile, Tonton François, comme beaucoup d'autres, se sont engagés dans ces combats pour la liberté, pour des valeurs portées bien haut par cette république qui parlait si bien. Qu'est-ce qu'il me reste de tout cela ? De cette culture qu'il fallait rayer parce qu'arriérée, non conforme, de tous ces savoirs perdus ou qui ne tiennent plus qu'à un fil ? De cette humiliation, de cette violence, mais aussi de cette capacité à s'engager pour des valeurs nobles ? Du courage et de la fierté. L'envie de me battre pour la liberté comme nos anciens l'ont fait avant. Malgré tous les coups et les souffrances, ils nous ont transmis un héritage précieux. Un héritage breton auquel il nous appartient d'être à la hauteur aujourd'hui.

Mémé est morte depuis longtemps maintenant, pourtant j'entends encore ses mots couler comme de l'eau douce sur des galets polis. Je n'y comprenais rien mais j'adorais cette musique qui me semblait avoir été chantée depuis la nuit des temps. Cette langue maternelle, celle de mes origines, celle du lien à sa mère, elle m'a été confisquée par un État qui refuse, aujourd'hui encore et malgré les injonctions de l'Europe, de signer la charte des langues minoritaires. Pourquoi ? Quel est son problème ? Liberté, égalité, fraternité ? Pourquoi n'ai-je découvert qu'à l'âge de vingt ans que l'histoire de mon pays, apprise à l'école, n'était pas l'histoire de mon peuple et de sa nation ? Pourquoi cette république a demandé à son système scolaire de me le cacher ? Quel est son problème ? Ma fille, je ne l'ai pas inscrite chez Diwan, il y a vingt ans, parce que pour le descendant de Breton dévalorisé que j'étais, c'était impensable. Je l'ai pourtant appelée Morgane. Le volcan était là. Il est passé de génération en génération et il ne s'éteindra pas. Je le sens dans mon ventre depuis toujours, je le sais mieux depuis des années et de voir Quimper envahi de bonnets rouges, il s'est mis à gronder. Chers sœurs et frères, ne vous indignez pas de la violence d'un portique qui tombe, c'est le frontispice d'une république mensongère qui est abattu.

À la télé vous entendez que c'est mal, que ça coûte de l'argent et qu'il faut s'en repentir...

Je vais vous dire ce qui m'indigne : des personnes travaillent dix ans, vingt ans dans une entreprise pour un tout petit salaire qui permet à certains de s'endetter pour acheter une maison ou un appartement. Du jour au lendemain, ces personnes sont licenciées, éjectées pour différentes raisons : L'entreprise va bien mais le PDG a promis plus de bénéfices aux actionnaires. Ou bien, l'entreprise n'arrive plus à faire face à la concurrence pour diverses raisons : On ajoute des normes et des normes qui finissent par rendre le service ou le produit final bien plus cher que chez nos voisins, ou l'entreprise concurrente a fini par employer des ouvriers européens 20 à 30 % moins cher que les Bretons... La violence, c'est que ce système broyeur d'humains est mis en place et entretenu par la république ! Vous voulez parler de violence ? Allez demander à cette famille du Centre-Bretagne, qui se retrouve au chômage et n'arrive plus à payer ses remboursements de prêt. Vendre la maison ? Impossible, la zone est sinistrée, il y en a par centaines toutes moins chères les unes que les autres. Personne n'en veut, il n'y a plus de travail, qui viendrait vivre ici ? C'est la double peine, il faut payer alors qu'on n'en a plus les moyens, se faire saisir, dégringoler, ne plus rien avoir pour se relancer, ailleurs, alors que de toute façon, on n'a même plus les moyens d'habiter ici, chez les pauvres.

Et oui, 20 secondes de vidéo d'un portique qui brûle c'est impressionnant ! Quelles secondes mettre en face, dans la balance ? 20 secondes de milliers de visages défaits par la déchéance de vies qu'un système sans état d'âme passe à la moulinette tous les jours ? Faut-il filmer les suicides ? La France, qui est un des pays d'Europe où l'on se suicide le plus avait en 2010 un taux moyen de décès par suicide de 16,5 pour 100 000 habitants. Quelle région battait tous les records ? La Bretagne, bien sûr, avec un taux de 28,1 de personnes qui ne s'étaient pas ratées. Le chiffre des tentatives est bien plus élevé ! Quelques bons républicains nous dirons qu'il reste encore trop de tares malgré l'excellent travail accompli au fil des ans... N'importe quel historien, ethnologue ou psychologue vous expliquera que c'est la conséquence évidente de la violence faite à un peuple à qui on a cherché à effacer le passé, couper les racines par des violences physiques et morales. Par l'humiliation (petit exemple : « Les principaux traits de la race bretonne sont la malpropreté, la superstition et l'ivrognerie » Henri

Busson – manuel de géographie des lycées en 1929). Pensez-y quand on cherche à manipuler votre opinion. Consciemment ou pas, tous nos enfants portent cet héritage. Ne croyez pas qu'on puisse faire comme si ça n'avait jamais existé. C'est du passé, oui, mais il éclaire ce qui se produit quand l'État continue de nous traiter comme des irresponsables, des moins que rien. Nous ne sommes pas un sous-peuple qui aurait besoin d'une élite parisienne éclairée pour se faire administrer. La république entretient un système qui nous tue et il faudrait qu'on s'indigne d'un matériel abîmé ? Je suis contre la violence et je m'y oppose tous les jours, mais je trouve tellement injuste que dans le cas des Bonnets Rouges, on fasse de l'État une victime qui n'aurait aucune responsabilité. Une minorité ethnique se rebellerait pour avoir plus de liberté et de démocratie chez Poutine ou chez Obama, vous pouvez être certain que l'opinion française toute entière s'indignerait du refus d'écoute de ces dirigeants-là.

La France est un des derniers grands États aussi centralisé. Tout le monde y perd son pouvoir démocratique. Le pouvoir n'est plus au peuple, il est à une oligarchie financière et politique qui nous joue la comédie de la démocratie. Quand avez-vous voté la dernière fois pour un parti qui a conduit une politique qui vous a satisfait ? Dans laquelle vous vous êtes reconnu ? On vous dira que c'est bien pire ailleurs et qu'il faut se satisfaire de ce que l'on a, comme si nous étions de vieilles personnes contraintes d'accepter d'inéluctables rhumatismes. Mais c'est faux, nous sommes jeunes et plein de vitalité, de créativité et l'avenir nous appartient si nous décidons de le prendre en main. Ne demandons pas trop poliment, à ceux que le système a mis en place, de nous aider à le défaire. Exigeons-le au nom de la liberté et du droit des peuples à décider d'eux-mêmes. Engageons-nous pour nos enfants ! Cessons d'être victimes, exigeons une réelle décentralisation comme en Allemagne, en Espagne, en Belgique, ou comme l'Écosse… Nous sommes responsables de nos vies, construisons un monde meilleur. Rouvrons nos livres d'histoire, tout est dit sur ce qui se passe en ce moment et va advenir. L'équilibre ne tient jamais. L'ultralibéralisme continuera d'asservir et de vampiriser les peuples jusqu'à ce qu'ils se révoltent. Je crois en la vie et dans son élan perpétuel. Il est encore temps de réagir et la Bretagne pourrait bien être la graine

d'un renouveau bien plus vaste. Il faudra bien que ça commence quelque part... pourquoi pas au bout du monde ?
Au sein des comités locaux de Bonnets Rouges, tout le monde s'exprime et les collectifs élaborent des solutions nouvelles, adaptées aux enjeux contemporains et aux problèmes qui sont les nôtres. Il n'y a pas de bons et de mauvais, juste des femmes et des hommes de bonne volonté. Nous sommes peut-être en train d'ouvrir une voie nouvelle, réellement démocratique. Rejoignez-nous dans l'aventure.
Nous sommes le peuple, par nature divers et de toutes origines sociales, nous refusons d'être divisé en partis politiques, syndicats ou autres.
Comme tout peuple, ce qui nous réunit, nous constitue, est notre sentiment d'appartenance à une culture et à des valeurs que nous partageons, quelles que soient nos origines ethniques et hors de tout clivage dogmatique.
Nous sommes le peuple breton qui, comme une grande majorité des Français, ne se reconnait pas dans la représentation politique actuelle, qu'elle soit de droite ou de gauche.
C'est pourquoi nous nous engageons aujourd'hui dans un mouvement de réforme dont le but est de mettre en place un système réellement démocratique qui nous permette de vivre dans le respect de nos valeurs.

Nous défendons l'idée d'une société humaniste et donc non asservie aux diktats de la finance.

Une société d'entraide et de solidarité créatrice d'une forte cohésion sociale ainsi que de forts liens intergénérationnels.

Une société qui, s'appuyant sur ses traditions, développe l'innovation nécessaire à une vie harmonieuse et respectueuse de l'environnement.
Une société responsable qui a conscience de construire le monde qu'elle va transmettre aux générations futures.

Une société de la droiture et du respect de la parole donnée.

Une société ouverte qui accepte les différences, permet l'indépendance d'esprit et encourage la créativité à tous les niveaux.

Une société bienveillante dans laquelle chacun peut trouver sa place.

Une société où le peuple décide de son présent et de son avenir.

Une société égalitaire sans extrémisme.

C'est pourquoi nous demandons une réforme des institutions qui permette à tous les Français de voter pour des représentants légitimes dans un cadre conçu dans la réelle intention de respecter la liberté, l'égalité et la fraternité.

Voilà mon témoignage personnel... un cri du cœur. C'est sa seule valeur, une valeur humaine. En voici un autre, bien plus érudit mais tout aussi incarné. Il est de Jean-Pierre Le Mat, un de ces infatigables éveilleurs de consciences, qui a le recul de l'historien et la connaissance de celui qui pratique l'économie au quotidien. Il vous éclairera de façon tangible et précise sur le mouvement Bonnets Rouges et son contexte, afin que cesse la désinformation et les analyses hasardeuses ou partisanes. N'y cherchez pas de pensées ou d'avis prémâchés, faciles à digérer, pas plus que l'habituelle dichotomie manichéenne des « gens biens ». L'élan est fait d'une honnêteté simple et d'un sens critique puissant. Entrez au cœur de l'histoire et voyez comme elle est en train de se faire.

Christophe Le Baquer

L'étonnante histoire des Bonnets Rouges en 2013

Depuis une quinzaine d'années, l'agriculture bretonne et l'agro-alimentaire perdent leur dynamisme. De nouveaux concurrents apparaissent. Les contraintes réglementaires, la disparité des monnaies et les distorsions de concurrence plombent l'économie bretonne.

4 février 2009 : rassemblement d'un millier de manifestants au péage de la Gravelle (35), après le vote de la *taxe Boorlo*, appelée aussi « éco-redevance poids lourds ». Christian Troadec y était intervenu. Depuis 2009, une colère sourde contre l'écotaxe parcourt la Bretagne.

22 février 2013 : Mise en redressement judiciaire du groupe Gad. L'abattoir de porcs de Lampaul-Guimiliau est condamné.
18 juin 2013 : Appel de Pontivy, lancé par le Comité de Convergence des Intérêts Bretons (CCIB).
2 août 2013 : Coalition des paysans, des transporteurs et des ouvriers de l'abattoir Gad à Lampaul Guimiliau sous le portique écotaxe de Guiclan, entre Landivisiau et Morlaix. Le portique est abattu.
28 août 2013 : Entre 200 et 300 personnes se réunissent à Saint Gonnery (56). Paysans, transporteurs, ouvriers, acteurs du monde économique s'y retrouvent pour constater la situation et envisager l'avenir économique de la Bretagne.
8 octobre 2013 : le portique écotaxe de Melgven, entre Quimper et Quimperlé, est mystérieusement saboté. Il est démonté sur ordre du préfet.
11 octobre 2013 : le tribunal de Commerce de Rennes valide la fermeture des sites Gad de Lampaul-Guimiliau, Saint Martin des Champs et Saint Nazaire

26 octobre 2013 : Apparition de bonnets rouges sur la tête des manifestants devant le portique écotaxe de Pont-de-Buis. La réaction des forces de l'ordre est très violente et fait plusieurs blessés. Un manifestant, Mikael Cueff, a la main arrachée par une grenade. Le portique sera démonté quelques jours après sur ordre du préfet.

2 novembre 2013 : Premier rassemblement de masse des Bonnets Rouges à Quimper. Plus de 30 000 personnes répondent à l'appel. Le même jour, le portique écotaxe de Saint Allouestre, entre Locminé et Josselin, est rendu inutilisable. Le lendemain, le portique écotaxe de Lanrodec, entre Guingamp et Saint Brieuc, est incendié.
4 novembre 2013 : Les ouvriers de l'abattoir de volailles Tilly-Sabco, de Guerlesquin, pénètrent en force dans la sous-préfecture de Morlaix.
5 novembre 2013 : les ouvriers de l'usine Marine Harvest, numéro un mondial du saumon, bloquent l'usine de Poullaouen. Le groupe norvégien avait annoncé en juin son intention de fermer le site.
30 novembre 2013 : Second rassemblement de masse des Bonnets Rouges à Carhaix. Plus de 40 000 personnes répondent à l'appel. Les cahiers de doléances sont lancés à cette occasion.
28 décembre 2013 : le portique écotaxe de Pontorson est rendu inutilisable.

La charte des Bonnets Rouges

Notre volonté
Vivre, décider et travailler en Bretagne

Les Bonnets Rouges croient fermement que la Bretagne a un futur. Ils veulent préparer ce futur, pour le bien des générations montantes.

Nos objectifs

- Le maintien de l'emploi et du travail productif en Bretagne.
- L'aménagement et l'équilibre du territoire breton, en intelligence avec les populations concernées.

Nos revendications

- Le maintien de la gratuité de nos routes et la suppression de l'écotaxe. Cette taxe maudite détruit l'emploi, déséquilibre nos territoires et crée une distorsion de concurrence au détriment de la Bretagne.
- En finir avec les distorsions de concurrence et le dumping social. Ces inégalités détruisent nos emplois et altèrent nos relations avec les autres peuples.
- Libérer les énergies. L'avalanche de normes et de contraintes administratives décourage les initiatives, accentue l'irresponsabilité et avantage les tricheurs.
- Relocaliser les décisions nous concernant. Elles ont été confisquées par une machine bureaucratique qui ne fonctionne plus que pour elle-même.

Nos valeurs

- Dans notre péninsule armoricaine, nous sommes dépendants les uns des autres. La Bretagne se construira collectivement, au-delà des divisions entre professions ou sensibilités politiques.
- Nous portons les valeurs de progrès, de solidarité, de confiance et d'humanisme. Nous ne nous reconnaissons ni dans la haine ni dans le rejet de l'autre.
- Ceux qui ont cette volonté, ceux qui adoptent ces objectifs et ces revendications sont dignes de porter avec nous le bonnet rouge. Ensemble, en partant de la base, nous prendrons des initiatives constructives pour relocaliser les emplois et les décisions.

Le déclencheur de la révolte : l'écotaxe

Voici, en 12 points, les éléments nécessaires pour comprendre l'écotaxe et ses conséquences.

1 - L'écotaxe est annoncée pour favoriser le ferroutage et le transport fluvial (mais pas le transport maritime). Aucune infrastructure rail-route n'a été mise en place par les services publics en Bretagne. La seule compagnie ferroviaire à avoir mis en place le ferroutage en Bretagne est Combiwest, par sa plateforme de Morlaix. L'installation de Combiwest a été combattue par la SNCF, afin de conserver son monopole et non pas d'apporter un meilleur service au public. Les procédés employés par la SNCF n'ont guère été loyaux : décrochage de wagons en gare de Rennes ; achat de *sillons* de blocage, procès à RFF.

2 - La gestion du télépéage a été confiée à Ecomouv, une entreprise détenue à 70% par une entreprise italienne, *Autostrade per l'italia*. Sur 1,2 milliards d'euros qui devraient être prélevés, 780 millions (65%) reviendra à l'État. Ecomouv conservera 230 millions (hors TVA) pour la maintenance de ses infrastructures. La part de l'État sera affectée à un établissement public, l'Agence de Financement des Infrastructures de Transport de France. L'agence est présidée par Philippe Duron, député-maire de Caen, qui vient de proposer par ailleurs au gouvernement (rapport Duron) le report entre 2030 et 2050 de la prolongation de la ligne à grande vitesse vers Brest et Quimper. Contrairement au *Grand Paris*, l'infrastructure des voies de communication en Bretagne ne fait pas partie des priorités françaises.

3 - L'écotaxe prélevée sur les voies secondaires (160 millions d'euros prévus par an) devrait revenir aux collectivités chargées de les entretenir. Dans ce cas-là, la finalité affichée par l'écotaxe n'a rien d'écologique : c'est un télépéage pur et simple. En leur donnant de l'argent prélevé sur leurs propres concitoyens, ce qui ne lui coûte

pas cher, l'État achète la complicité des collectivités territoriales au détriment de leurs administrés.

4 - Les collectivités territoriales n'ont aucun moyen de mettre en place, sur le territoire où l'écotaxe est prélevée, une alternative au transport routier. Tout se décide au niveau central. Contrairement au transport fluvial, qui concerne le *Grand Paris*, le transport maritime, qui concerne la Bretagne, n'est pas considéré comme une alternative.

5 - En plus du péage, les coûts supplémentaires liés à l'écotaxe se cumulent : paiement d'une caution pour le prêt d'un boitier, installation de boitiers dans tous les véhicules, immobilisation du camion si le boitier ne fonctionne pas, coût kilométrique, amendes, sanctions pénales ou administratives. Le coût cumulé des nouveaux péages avoisine, dans certains cas, la marge de l'entreprise. L'écotaxe produira du chômage.

6 - En cas de panne, perte ou vol d'un équipement embarqué, la procédure est tellement onéreuse, longue et compliquée que le moindre incident sera catastrophique pour les transports d'animaux vivants et de produits frais, vitaux pour la Bretagne. L'écotaxe produira du gaspillage.

7 - Tous les transporteurs revoient actuellement leurs tournées en utilisant des logiciels d'optimisation. Jusqu'à présent, c'était la distance qu'ils cherchaient à réduire. Désormais, ce n'est plus la distance mais le coût. La conséquence sera une augmentation des distances pour éviter les routes écotaxées. L'écotaxe aboutira ainsi à augmenter l'émission de polluants, ce qui est le contraire du but affiché. L'écotaxe produira de la pollution.

8 - L'équilibre des territoires est rompu dès qu'il y a des inégalités d'accès. C'est la raison pour laquelle l'octroi, qui est une taxe d'ancien régime, a été supprimé par la Révolution française. C'est aussi la raison pour laquelle les négociateurs du CELIB, dans les années 60 et 70, voulaient pour la Bretagne des quatre voies gratuites. Avec le système écotaxe, les villages qui auront le malheur de forcer un camion en fin de tournée à passer par une

route écotaxée risquent de ne plus être approvisionnés. Les zones rurales seront pénalisées, à la fois pour la production (les entreprises y seront moins concurrentielles) et pour la consommation (les coûts d'approvisionnement des ménages y seront plus élevés). L'écotaxe produira de l'inégalité.

9 - L'écotaxe est liée à la création d'un fichier "Big Brother" de mise sous tutelle et de surveillance, avec des données à caractères personnels. Seront inscrits dans le fichier : nom et adresse du redevable, adresse électronique, numéro de téléphone, coordonnées bancaires, adresse d'envoi des factures, nom des personnes pouvant disposer du véhicule, Les portiques écotaxe enregistreront les dates et heures de passage, ainsi que des images faisant apparaître la totalité de la cabine du véhicule, les points de géolocalisation associés, la destination. Le fichier pourra être consulté par d'autres administrations que les Douanes.

10 - Il est prévu de soumettre à l'écotaxe tous les camions de plus de 3,5 tonnes, qu'ils soient pleins ou vides. La logique "pollueur-payeur" rend cette barrière de 3,5 tonnes dérisoire. Tous les véhicules à moteur polluent. La généralisation de l'écotaxe à tous les véhicules -et le flicage à toute la population- serait la conséquence inévitable de son acceptation aujourd'hui sur les camions.

11 - L'écotaxe devrait aussi être payée par les camions des pays voisins. Toutefois, tous les pays du monde n'ont pas de convention de réciprocité ou de compatibilité dans l'équipement des camions. Les pavillons de complaisance, comme dans la marine marchande, sont inévitables.

12 - Pour la Bretagne, la mise en place de l'écotaxe aura un sens symbolique très fort : celui de la soumission des Bretons. L'absence d'octroi puis de péage sur les routes bretonnes a toujours été revendiquée comme le signe d'une spécificité bretonne, que certains font remonter à Anne de Bretagne. Admettre l'écotaxe, c'est admettre que les Bretons n'ont pas leur mot à dire dans l'administration de leur propre territoire.

En quoi le ras le bol fiscal breton est-il unique ?

Les *progressistes* du siècle passé justifiaient les taxes et les impôts par la redistribution des richesses. Cette redistribution, opérée par un État impartial et juste, devait corriger les inégalités liées à l'économie libérale.
Deux phénomènes, cruciaux pour la Bretagne, viennent mettre à mal cette utopie, et la transforment en une sombre supercherie.

1 - Le mécanisme a été faussé par des intérêts catégoriels. Après la guerre, la coalition entre gaullistes et communistes a donné des avantages particuliers aux catégories qui travaillaient dans les secteurs stratégiques pour le relèvement de la France. La redistribution a favorisé ceux qui sont proches ou nécessaires au pouvoir central. Des avantages sociaux et des régimes spéciaux ont été octroyés aux salariés d'institutions ou d'entreprises qui peuvent paralyser le pays.
Ce qui est vrai socialement est aussi vrai géographiquement. La région parisienne est celle qui bénéficie le plus de la redistribution. On le voit pour l'écotaxe : la Bretagne est appelée à payer mais ne recevra rien. L'investissement de l'État dans le ferroviaire chez nous est reporté au-delà de 2030. Au Ministère de la culture, la mise en valeur des patrimoines en régions ne représente même pas la moitié du budget total du programme *Patrimoines*. Dans le domaine de l'architecture, le *Grand Paris* est annoncé officiellement comme une priorité. La nouvelle guerre socio-économique, née de la mondialisation, pousse au renforcement des espaces stratégiques que sont les métropoles capitales.
La pression fiscale, dans un pays centralisé, bénéficie à ceux qui sont au centre et dépossède la périphérie.

2 - Le poids des prélèvements fiscaux favorise les tricheurs. L'économie souterraine est de 2,5% chez nous alors qu'elle atteint environ 9,9% en moyenne en France et s'élève à plus de 18,5% du PIB européen. Plus les impôts sont lourds, plus l'honnêteté devient

un handicap, par rapport aux concurrents des autres régions ou des autres pays.
La loyauté des Bretons, autrefois envers les chefs religieux, les nobles, aujourd'hui envers les institutions, est malheureusement un trait culturel et historique, qui ne peut être corrigé facilement, même par l'éducation. Nous avons une tendance fâcheuse à nous sacrifier pour les autres.
La loyauté bretonne, souvent mal dirigée, parfois désastreuse, fait partie de notre identité. Nous nous sentons bien ainsi. Pour compenser cette infirmité, nous sommes condamnés à des manières un peu brutales, à l'insoumission, à la désobéissance civile, à la témérité, éventuellement à la violence.

Ces comportements nous protègent, mais nous ne devons pas nous en contenter. Les Bonnets Rouges portent une ambition originale : inventer un monde où la loyauté ne serait pas un handicap.

Les emplois productifs, une nécessité

La Bretagne a été ruinée par la monarchie absolue. La première révolte des Bonnets Rouges, en 1675, marque le début de cette chute. Notre région n'est redevenue productive qu'après la seconde guerre mondiale. Le partage des terres entre tous les enfants d'une famille nombreuse ne laissait plus à chacun que des surfaces insuffisantes. De plus, la France nous demandait de la nourrir au meilleur prix. Nos paysans sans terre se sont alors tournés vers une agriculture sans terre, hors-sol.
Celle-ci ne pouvait qu'être spécialisée et intensive. Autour de cette solution de fortune se sont construits les services adaptés : usines d'aliment du bétail, organisations de producteurs, constructeurs de bâtiments d'élevage, abattoirs. À partir des années 60, les filières se sont organisées pour sécuriser la production et la valoriser, en transformant le lait en yaourts, les légumes en plats cuisinés, la viande en morceaux prêts à cuire. Tout le monde s'est mis à la tâche. Certains des meneurs comme Jean Le Méliner, créateur de Magadur, étaient des militants bretons. D'autres, comme les patrons de l'Office Central de Landerneau ou de la CANA d'Ancenis, étaient de tradition conservatrice. D'autres comme Georges Pérus, directeur d'Unicopa, étaient des marxistes.
Ces emplois productifs sont aujourd'hui menacés. Pourquoi ? Bien des raisons peuvent être invoquées. D'aucuns se disputent pour identifier les tares de l'économie bretonne, dénoncer les responsabilités des uns et des autres, condamner l'incompétence ou l'appât du gain.
Je ne discute pas leurs explications et leurs condamnations. Je suis un frère de celui qui meurt, pas son médecin légiste.

La Bretagne historique compte 202 000 entreprises, dont 94% ont moins de 10 salariés. Les patrons de ces entreprises vivent dans le même monde que leurs salariés. Il ressemble plus à votre boulanger qu'aux patrons du CAC40, ou qu'aux gestionnaires de sociétés anonymes. S'ils disparaissent, l'emploi s'effondre. Depuis 10 ans, la moitié des emplois a été créée dans les entreprises de moins de 20 salariés.

Pour qu'il y ait des emplois, il faut des entreprises. Mais il faut aussi un marché, c'est-à-dire un service à rendre à quelqu'un. L'emploi productif est proportionnel au marché. Ainsi, l'agriculture biologique crée des emplois, mais seulement en proportion de la consommation de ses produits (2,4% en 2012 selon agencebio.org). D'autre part, les emplois productifs ne sont pas stables et ne peuvent être gérés comme des emplois publics. Le risque est partout. En conservant l'exemple de l'agriculture biologique, il n'est pas sûr que les Bretons fassent le poids face aux producteurs bios allemands ou asiatiques, ni que les consommateurs soient fidèles.

Un pays s'effiloche s'il perd ses emplois productifs. Les emplois administratifs sont nécessaires pour assurer les services publics. Les emplois subventionnés sont nécessaires pour assurer la qualité de vie, en entretenant les paysages, les monuments, la création artistique. Mais tous ces emplois sont assis sur les besogneux, les anonymes, ceux qui produisent des biens ou des services dans le secteur marchand.

Nous sommes tous hétéroclites !

Les Bonnets Rouges sont un rassemblement hétéroclite, dit-on.
Je suis hétéroclite.
J'ai été ouvrier, cadre, chômeur, travailleur indépendant, chef d'entreprise. Oui, je suis hétéroclite à moi tout seul...
Devrais-je, à chaque changement de classe ou de statut social, me renier ? Renier mes valeurs constantes, qui viennent sans doute de très loin ? Renier mon identité, mes convictions, mes amis ? Je ne l'ai pas fait.
Je suis resté fidèle à tout cela, à mon enfance de fils d'artisan. Je suis resté fidèle aux fils de paysans et d'ouvriers avec qui je jouais dans les landes de Plouigneau. Je suis resté fidèle à quelque chose que l'on pourrait appeler « mon peuple ». Oh, je sais, c'est un tout petit peuple... Un peuple discret, dur au travail, flamboyant dans les festivités, fantasque comme son ciel et ses pluies. Ce petit peuple, c'est le mien.

Mon père s'était engagé en 1939 dans l'armée française, à 19 ans, pour la durée de la guerre qui s'annonçait. Il y croyait. Il était breton, trop breton sans doute. Un plouc, un Français de seconde zone. Il a été mobilisé dans la cavalerie nord-africaine, avec d'autres Français de seconde zone, qui venaient des colonies ou des provinces arriérées. Je conserve encore la chéchia rouge qu'il portait devant les panzers allemands. Il avait vu tous les gradés s'enfuir devant l'avance allemande. Je l'imagine, avec son cheval et son fusil, désemparé devant les tanks allemands, maudissant les donneurs de leçons. Il a connu cinq ans d'internement en Allemagne.
On accuse les Bretons de scepticisme face aux institutions. Il y a peut-être une mémoire collective là dessous. Le bonnet rouge, c'est la leçon tirée d'une chéchia rouge...

Aujourd'hui, tout le monde devient hétéroclite. Les jeunes enchaînent les métiers selon les opportunités. Mon père fabriquait des balais pour les sols en ciment et en terre battue. Les sols en terre battue ont disparu. On ne succède plus à son père. J'ai été

ouvrier, cadre, chômeur. J'ai créé une entreprise de nouvelles technologies.
Les patrons bretons sont des parvenus. Bien des ouvriers sont des déclassés. On ne reçoit plus une classe sociale en héritage. On ne s'y enferme plus. Le métissage social et la transgression sont entrés dans les habitudes. Ce sont aussi les nouvelles nécessités.

Les classes laborieuses restent la référence, que l'on soit ouvrier, paysan, artisan, entrepreneur. Ce sont elles qui créent la richesse, de façon bien plus incontestable que les nébuleuses « classes moyennes ».
Les Bonnets Rouges rassemblent les besogneux. J'y entends battre le cœur de la Bretagne. J'entends battre le cœur de mon peuple. Il bat bien plus fort que les corporations et les classes sociales abstraites qui font le miel des idéologues. Ceux-ci nous demandent de croire en leurs catégories, les unes bonnes, les autres méchantes. Cela rappelle furieusement d'autres catégories, croyants et incroyants, saints et pécheurs, élus et damnés, qui étaient celles de nos vieux curés.
J'ai entendu battre le cœur de mon peuple dans les rassemblements des Bonnets Rouges. J'en ai tremblé de joie.

Les Bonnets Rouges vus de l'intérieur

Les réunions de Bonnets Rouges m'ont toujours étonné sur un point : il n'y a quasiment pas de dénonciations, si fréquentes dans les réunions politiques classiques.

Les Bonnets Rouges rassemblent ceux dont les statuts sociaux ou les régimes de retraites sont les plus défavorables : paysans, artisans, travailleurs indépendants, petits patrons, ouvriers du privé, chômeurs. Progressivement, d'autres viennent les rejoindre.

À la lutte de classes entre possédants et non-possédants, les Bonnets Rouges vont-ils substituer une lutte entre les classes précaires et les classes protégées ? On pourrait s'y attendre. Mais ce n'est pas le cas.

Pour être socialement protégé, il faut disposer, soit d'une fortune personnelle, soit d'un statut professionnel avantageux. Les Bonnets Rouges n'ont pas la dénonciation à la bouche, car ils considèrent que ces situations privilégiées sont provisoires. Le nombre d'individus que les institutions sont en mesure de protéger diminue inexorablement. La précarité est devenue une composante de la vie *normale*. Les notions de *justice sociale* et d'*égalité* ont été usées par les menteurs et monopolisées par les démagogues. L'idée d'être protégé par une institution ne vient plus à l'esprit. L'État protège, non pas ceux qui en ont besoin, mais ceux qui lui permettent de fonctionner. C'est triste, mais inévitable quand l'argent manque.

La précarité a donné naissance à une sorte d'indépendantisme social. De plus en plus de bénéficiaires potentiels d'aides sociales sont réticents à s'engager dans les démarches pour les obtenir. Bien des explications ont été données à ce phénomène : ignorance, complication des démarches, refus d'être marqué socialement comme pauvre, etc. Cet indépendantisme social se rapproche naturellement de l'indépendantisme politique breton.

Il y a, dans cet état d'esprit, les germes d'une révolution qui ne ressemblera pas aux précédentes. Il ne correspond pas à un rêve de richesse, ni de bien-être. Je ne suis même pas sûr qu'il corresponde à un rêve de liberté. Peut-être est-ce un rêve de pionnier ; celui de construire une œuvre collective, aux dimensions de la Bretagne...

La seconde particularité des Bonnets Rouges est qu'ils sont peu sensibles aux étiquettes de syndicats ou de professions. Les réunions des Bonnets Rouges permettent des rencontres très diverses. Ici, tout le monde s'accorde à penser que les individus valent toujours mieux que les institutions qu'ils sont censés représenter.

La troisième particularité est qu'ils ne sont pas des *opposants*. Ils ne se recrutent ni dans l'armée de la droite, ni dans l'armée de la gauche. Leur but n'est pas de faire perdre un gouvernement ou un parti. Ce n'est même pas, malgré leurs gwenn-ha-du omniprésents, de faire perdre la France. Leur but est de se donner un futur, ou d'en donner un à leurs enfants ou petits-enfants. Il y a beaucoup de mères et de grands-mères dans nos réunions.

La France moderne s'est figée, non sur des valeurs communes, mais sur des clivages consensuels. C'est une société de spectacle dont les acteurs sont des caricatures. Le mouvement des Bonnets Rouges ne rentre pas dans le cadre de ces oppositions droite-gauche, patronat-syndicat, riche-pauvre, public-privé, de souche ou non. Le jeu des clivages justifie et impose l'immobilité sociale. Il n'est porteur pour nous d'aucun espoir.

L'énigme de la solidarité bretonne

Il nous faut parler d'une réalité dérangeante. Une réalité qui bouscule l'aspiration à l'harmonie, à la paix, à l'organisation raisonnable d'un grand pays. Une réalité qui peut être qualifiée d'antisociale, de perturbatrice. Une réalité qui ne correspond pas aux vérités d'école primaire.

Cette réalité, apparue en pleine lumière avec la révolte des Bonnets Rouges, est la solidarité bretonne. Non pas celle d'une zone définie par l'administration ; celle d'une zone définie par l'histoire. Ce n'est pas la première fois que cette solidarité s'exprime.

Ah, le dépit de nombreux observateurs ! Cette réalité n'est pas inscrite dans leur logiciel ; donc elle ne peut exister. Tous ces gwenn-ha-du lors des manifestations de Quimper et de Carhaix leur semblaient blasphématoires. Ils ne peuvent s'expliquer que par une manipulation ou un complot. Le Breton doit rester un provincial, et les provinciaux sont des individus indifférenciés. Nous ne correspondons pas au portrait-robot.

La solidarité bretonne est, pour le Français moyen, une énigme et un danger. Elle ne peut être dupliquée à toutes les régions françaises. Elle n'a pas d'équivalent. Qu'est-ce alors qu'une région, si ce n'est pas un sous-ensemble, une déclinaison, une subdivision administrative ?

L'identité bretonne est sans doute liée à une histoire, une culture, une langue, une position géographique, un climat... Peu importe, finalement. Sa particularité subversive est qu'elle ne se cantonne pas à la sphère privée. Les Bretons l'installent, de façon naturelle, dans la sphère publique. Et c'est ce qui est insupportable.

La révolte des Bonnets Rouges illustre à merveille l'approche bretonne de la sphère publique. Chez nous, elle n'est pas liée à un statut social ou professionnel, ou à un statut d'élu, mais à un territoire. Nous ne nous révoltons pas parce que nous sommes personnellement agressés, mais parce que notre territoire et notre peuple sont agressés.

Mais voyons, il n'existe pas de peuple breton ! Oh, les Français moyens ont déjà affirmé par le passé qu'il n'existe pas non plus de peuple algérien. Ils ont affirmé la même chose partout où ils ont imposé leur pouvoir. En guerre contre les Serbes, ils ont affirmé qu'il existe un peuple au Kosovo. Laissons-les décerner des brevets d'existence aux uns et le retirer aux autres. Se rendent-ils compte que, sur ce sujet, leur avis a perdu de son importance ? Le dialogue est devenu mondial et les événements nous départageront.

Comprendre la solidarité bretonne est un enjeu plus grave pour l'avenir de la France que pour l'avenir de la Bretagne. Si l'unité républicaine française est incompatible avec les solidarités populaires, alors la France ne peut se construire que sur le mensonge et la contrainte. Les Bonnets Rouges veulent jouer gagnant-gagnant. Mais ce n'est pas aux Bretons de sacrifier une solidarité qui les grandit à un mythe qui les atomise.
Si ce n'est pas possible, nos indépendantistes prendront le relais sur les ruines d'une France qui se sera autodétruite, paralysée par son arrogance et par des principes d'un autre temps.

Nos frères les paysans

Mon grand-père parlait de cultivateurs, mon père d'agriculteurs. Je parle aujourd'hui d'éleveurs de porcs ou de légumiers. Ce glissement est significatif de l'évolution d'un métier, autrefois vu comme le travail de la terre, puis comme la gestion d'un espace rural, enfin comme une activité de production. Toutefois, le terme générique de *paysan* se maintient. Il est même revendiqué comme un refuge rassurant contre le temps qui passe, contre les technologies envahissantes et contre le flou qui entoure désormais la fonction sociale des travailleurs de la terre.

Le paysan a toujours eu un rôle productif. Pour survivre, l'humanité doit se nourrir. *« Donnez-nous notre pain quotidien »* est la prière pathétique qui traverse les millénaires. Ceux qui ont pour rôle de produire la nourriture de tous surveillent gravement les troupeaux et les récoltes. Ils savent leur importance. Ceux qui exercent un autre métier redoutent la défection, la désertion, le pouvoir du paysan. La Révolution française a exprimé cette crainte de la façon la plus brutale. Le personnage qui préoccupe le *sans-culotte* citadin, c'est le pourvoyeur de nourriture qui, en ces années de mauvaises récoltes et de troubles sociaux, pouvait le tuer par la famine. Il fallait conjurer, à travers le mythe négatif de l'accapareur ou du chouan, une revendication terrifiante : le droit des paysans à la liberté. Celle de conserver leur maigre récolte pour nourrir leurs propres enfants, avant de nourrir les cités. Crime contre l'autorité. Crime contre le peuple français. Crime contre la ville.
La défiance envers le paysan a pris aujourd'hui une autre forme. L'organisation de la production alimentaire est une arme redoutable. La famine s'est éloignée de l'Europe de l'Ouest, mais un pouvoir paysan est toujours ressenti par le bourgeois comme une menace. Menace pour sa santé, son cadre de vie, sa tranquillité, son plaisir, son environnement. Menace surtout pour la hiérarchie sociale et culturelle, qui donne aux habitants aisés des métropoles une importance qu'ils ne veulent pas perdre.

Essayons d'imaginer ce que pourrait être le paysan du futur, celui qui survivra après l'épisode actuel de la consommation de masse.
Le paysan breton du XXIe siècle continuera à vendre des matières premières alimentaires, sans doute dans le monde entier. Il en a le savoir et l'infrastructure de production.
Si on en croit les agriculteurs allemands, dont une partie du revenu vient de la production d'énergie, l'agriculteur breton vendra du gaz et de l'électricité. Le marché le plus prometteur, mais actuellement interdit, sera le marché local.
Il vendra aussi des services de déneigement, d'entretien des fossés, d'épuration. Il en possède les outils et les techniques.
Il vendra aussi de l'air pur, du repos, des paysages, de la nature. L'acheteur de ces utilités sera le citadin stressé. Le moyen de faire payer ces biens à un acheteur arrogant n'a pas encore été trouvé.
Le paysan breton vendra peut-être une connaissance concrète du vivant, un art du temps, un apprentissage au monde sensible. Il en a la capacité, l'héritage et l'expérience. Il en rêve sourdement. La demande existe et pourrait devenir essentielle.

Localiser les décisions

Le verbe « localiser » a longtemps appartenu à un vocabulaire militaire. L'art de la guerre impose de localiser les troupes et les installations ennemies. Dans l'inconscient du soldat, *localiser* et *neutraliser* étaient les deux séquences fondamentales de la guerre de position.
Au fil du temps, les guerres de position se sont démodées. Les séquences de localisation et de neutralisation sont devenues insuffisantes dans les conflits modernes. Elles ont perdu leur suprématie par rapport à d'autres actions comme démoraliser, diviser, intoxiquer, isoler.
Depuis quelques années, le verbe « localiser » est devenu populaire chez les utilisateurs de GPS. Cette opération est du ressort exclusif des machines et des satellites, pour déterminer où se situe une destination, un ami, un client ou un restaurant.
Le verbe *localiser* rejoignait ainsi le verbe *délocaliser*, apparu avec la mondialisation, dans son acceptation d'opération mécanique, en dehors d'une responsabilité humaine identifiée. Le GPS localise votre destination sans que vous osiez le contester. La délocalisation, elle aussi, nous est présentée comme une fatalité. On délocalise, non pas parce quelqu'un l'a voulu, mais parce que les circonstances l'imposent : les salaires sont moins chers ici, le marché plus prometteur là.

« Penser global, agir local » est très à la mode chez les *bobos*, bourgeois-bohèmes, sympathiques et prétentieux. *« Penser local, agir global »* leur répondent les *lilis*, libéraux-libertaires, concrets et ambitieux. Qui a raison et qui a tort ? Les positions idéologiques, très en vogue au XXe siècle, s'effacent devant l'appel du lieu de vie, devenu l'écrin indispensable de la mémoire, de l'imagination et de l'intelligence. Se localiser, pour le bobo, c'est atterrir quelque part. Pour le lili, c'est un point de départ.
Une chose est sûre : nous sommes de moins en moins des *indigènes*. Nous voulons être reconnus comme des *« locaux »*. Aujourd'hui, même le Parisien se revendique d'un quartier, d'un immeuble, d'un

coin sympa, fût-ce celui d'une résidence secondaire. Le localisme est à la mode. Le *locavore* est celui qui mange les produits du cru, nouvelle tendance de l'écologie gastronomique, après le *bio* et l'*authentique*.
Le glissement de l'indigène vers le *local* engendre au moins deux conséquences. La première est que le Breton de la diaspora passe du soupir du déraciné à la richesse culturelle du bilocalisé. Le bilocalisme est ce qui reste de la double nationalité quand les papiers administratifs ne font plus partie des préoccupations.
La seconde conséquence est que le Breton s'émancipe de son lien avec la Bretagne de race ou de souche. La généalogie, c'est la mauvaise fée qui s'est penchée sur le berceau du nationalisme breton. Elle s'est penchée aussi sur le berceau du nationalisme français, en faisant bien plus de dégâts. Ce nationalisme, répandu autant à gauche qu'à droite, se cache sous différentes appellations. Il s'inscrit dans la tradition républicaine des Jacobins. Encore aujourd'hui, ses fidèles chantent le cantique du sang impur.
Relocaliser… L'autonomiste y perd un peu son latin, mais y retrouve, sous des habits neufs, certains des rêves qui l'ont bercé. L'utopie semble avoir rajeuni. Ce qui s'énonçait autrefois avec le sérieux de la maturité politique s'exprime désormais par la fantaisie et avec l'énergie brouillonne de la jeunesse.

L'étouffement par la légalité

« L'État a rendu les peuples superflus » (Friedrich Sieburg)

Les normes ont rendu superflu le sens des responsabilités. Le remplacement de la conscience professionnelle par les normes et les contraintes administratives a certes permis de limiter les abus. Mais la responsabilité n'existe plus que négativement, comme un défaut d'application des normes. La conformité à la législation prime tout, y compris sur le sens du bien commun. L'innovation, la créativité sont devenues des agressions et des transgressions.
L'abus de normes dégrade la démocratie en bureaucratie. L'avantage concurrentiel d'une entreprise ne réside plus dans sa capacité d'innovation, mais dans son service juridique. Dans nos campagnes bretonnes, la religion de la norme se répand à travers des milices environnementales, qui se flattent d'une « stratégie contentieuse ». Leur action est particulièrement efficace sur les personnes les plus vulnérables, qui n'ont ni les moyens intellectuels, ni les moyens matériels de se défendre. Elle se fait aussi au détriment des projets écologiques d'avenir, constructifs ou innovants.

Quand ce n'est pas une des 400 000 normes françaises devant lesquelles on nous demande de nous prosterner, c'est la Constitution française de 1958. Voilà bien un bouquet de principes qui a la fragilité cassante d'un bouquet sec. C'est du mort qui ressemble à du vivant. À chaque fois qu'on exhibe la Constitution, c'est pour interdire quelque chose. Pour éteindre un débat. Pour refouler une aspiration. Ce vieux texte militaire et complètement *has been*, rafistolé de partout, ne porte aucune des valeurs qui permettront de construire le nouveau siècle. Tout le monde le sait. Alors, pour ne pas risquer le ridicule universel, on n'en fait pas un objet de débat. On la sort de temps en temps du tabernacle de la République. On l'exhibe rapidement. On demande le silence. On exige des fidèles qu'ils s'agenouillent et qu'ils baissent les yeux. On espère que les peuples du monde s'abstiendront de faire des commentaires déplaisants ou moqueurs.

Le mouvement des Bonnets Rouges ne partage pas l'idolâtrie ambiante pour la légalité. Face au blocage social créé par la montagne de normes et de contraintes administratives, deux voies sont possibles :
1 - Supprimer les normes inutiles. Une telle suppression ne rentre pas dans la même logique que leur création. La création d'une norme est un acte d'autorité. La suppression ne peut passer que par l'expérimentation, suivie par la constatation d'une amélioration. Un tel processus peut être très long, sauf si l'application peut se faire localement. Ainsi en Hollande, lorsqu'un conflit entre agriculteurs et environnementalistes aboutit à un blocage, la réglementation générale est suspendue dans la zone concernée, avec des inconvénients pour tout le monde, jusqu'à ce que les parties en présence trouvent une solution consensuelle.
2 - Étudier les contraintes que se donnent volontairement ceux qui travaillent au noir, c'est-à-dire ceux qui sont *hors normes*, lorsque les clients sont satisfaits et lorsqu'ils respectent l'environnement naturel et humain. Cette démarche heurte le respect de « l'état de droit ». Mais peut-être, pour éviter l'étouffement, faudra-t'il, un jour, en passer par là.

Le principe d'expérimentation

Dans la nature, lorsque l'environnement évolue, un organisme qui ne peut explorer toutes les voies d'adaptation possibles est voué à disparaître, à moins d'être protégé par une puissance régulatrice. La France est confrontée à la fois à des grappes d'innovations, à des crises économiques et financières, à une concurrence globale. La dette de l'État et des institutions empêche ces dernières de jouer un rôle de protection aussi déterminant que par le passé. Les forces vives ancrées dans les territoires doivent disposer de moyens non financiers leur permettant d'explorer elles-mêmes leurs voies d'adaptation.

Le principe d'expérimentation consiste à accorder un corridor réglementaire et des moyens légaux permettant de vérifier des hypothèses de gains économiques, sociaux ou environnementaux.

Le principe d'expérimentation peut s'appliquer dans les cas suivants :
- Lorsque des évolutions nécessaires ne peuvent trouver de solutions économiquement, socialement ou écologiquement acceptables dans le cadre de la législation en place ;
- Lorsqu'un dommage pour les générations futures pourrait être évité par une solution non prévue par la législation actuelle ;
- Lorsqu'une activité économique cherche des manières de se redéployer de façon durable et que les dispositions légales l'en empêche ;
- Lorsque le développement ou la cohésion d'un territoire peut être consolidé par une nouveauté sociétalement acceptable, bien qu'incertaine et imprévisible dans toutes ses conséquences.
- Lorsque 5% de la population du territoire concerné par le corridor réglementaire aura exprimé sa volonté par pétition ou 50% par référendum.

Caractères généraux d'une expérimentation :
- La taille de l'expérimentation doit être proportionnelle à l'objectif identifié ;
- L'expérimentation peut être impulsée, dirigée et contrôlée par toute structure, entreprise ou association acceptée pour diriger l'expérimentation par l'autorité publique pertinente ; Au directeur d'expérimentation, l'autorité publique pertinente donne pour interlocuteur un sous-préfet à l'expérimentation ;
- Une expérimentation est limitée dans l'espace et dans le temps ;
- Une expérimentation ne doit pas provoquer de dommages irréversibles aux populations, aux structures ou à l'environnement ;
- Les objectifs et les résultats d'une expérimentation doivent pouvoir être chiffrés ou estimés de façon rationnelle ;
- Lorsqu'une expérimentation atteint ses objectifs, l'extension de la dérogation réglementaire doit pouvoir s'inscrire de façon durable dans la réglementation ou la législation concernée ;
- L'expérimentation peut être spécifique à un territoire, une entreprise, une association, un laboratoire. La spécificité n'est pas une tare.

Faut-il s'interdire la violence ?

Les Bonnets Rouges usent épisodiquement de violence. Certains portiques écotaxe ne s'en sont pas relevés. Un portail de sous-préfecture a gardé quelques cicatrices.

Il y a un siècle, les politiciens se provoquaient en duel. Les enfants de l'école publique se battaient contre ceux de l'école libre. Entre 1939 et 1945, les passions violentes se sont déchaînées. Après la guerre mondiale vinrent les guerres d'Indochine et d'Algérie. Ceux qui avaient tué ou avaient été tués étaient des héros. À la maison et à l'école, on ne lésinait pas sur les fessées et les gifles. Des années 60 jusqu'aux années 2000, des attentats ont illuminé les nuits bretonnes.
Aujourd'hui, les Français ont perdu le goût de la violence. Ils sont prêts à sacrifier beaucoup de choses à leur tranquillité et à leur confort. Peut-être même leur liberté.

Il y a plusieurs sortes de violences. Celle du dominé est liée à la perception d'une inertie désespérante du pouvoir en place. La fin des attentats en Bretagne correspond à une modification de perception que les Bretons ont de l'État français. Bousculé par les crises, miné par la dette publique, celui-ci apparaît désormais comme un ogre malade.

Chez le conquérant, l'abandon de la violence physique correspond au passage du statut de vainqueur à celui de dominant. Pour qu'elle soit durable, la domination nécessite des solutions non sanglantes, que l'on nomme par analogie *violences morales*. C'est la privation d'un avenir collectif. Chez les populations colonisées, la démolition du passé conduit à une incapacité de construire le futur. Quand les racines sont coupées, les étoiles s'obscurcissent. Phénomène étrange et inquiétant, annonciateur de chaos, dans un monde où la finance et les marchandises prétendent guider l'avenir de l'humanité.

Entre violence physique et violence morale, il existe des voies de dégagement. La violence verbale a les faveurs de certaines communautés pour qui l'expression orale est importante. D'autres choisissent la violence contre eux-mêmes par suicide, alcoolisme ou auto-dégradation. Les Bretons empruntent volontiers cette dernière voie. Ils ne sont doués ni pour la violence verbale, ni pour les jeux pervers du dominant. Sans doute leur histoire leur a-t-elle fait perdre à la fois le goût de s'exprimer et l'habitude de dominer.
Ce handicap étant établi, la Bretagne gagne-t-elle à refuser la violence physique ? Elle y perd un mode d'action ancien sans en maîtriser un nouveau. On peut néanmoins comprendre nos compatriotes. L'abandon de la violence physique est un enjeu de civilisation. L'abolition de la peine de mort est emblématique de ce renoncement. Mais il ne faut pas tout confondre. Ce n'est pas un enjeu de démocratie. Bien des démocrates, à commencer par les Résistants de 1940-44, ont utilisé la violence.
Les Bretons se veulent démocrates. Mais ils veulent d'abord montrer qu'ils sont civilisés. Sont-ils mieux respectés ? Y gagnent-ils autre chose que le confort fade et provisoire de la soumission ? Je n'en suis pas sûr.

Les Bonnets Rouges ne s'interdisent pas d'user de violence, contre un portail de préfecture ou un portique écotaxe par exemple. C'est la violence contre les choses. Elle permet de tenir en respect ceux qui font violence aux hommes et aux femmes de ce pays.

Gaël CLOAREC

LES DOLÉANCES ET LES PROJETS DES BRETONS DU XXIe SIÈCLE

Recueillis et analysés par les Bonnets Rouges

Les Bonnets rouges
Vivre décider travailler en Bretagne
Ar bonedoù ruz
Bevañ divizout labourat e Breizh

Première publication :
Éditions Yoran Embanner, 29170 Fouesnant
Dépôt légal : octobre 2015

Cahier de doléances.
Participez efficacement à la nouvelle démocratie bretonne !

Les doléances collectées jusqu'à présent correspondent à 4 approches :

1. La description de problèmes bretons négligés ou mal gérés
2. Des revendications adressées à ceux qui nous administrent et à ceux qui nous gouvernent
3. Les pratiques responsables attendues pour déverrouiller la société bretonne
4. Des projets pour la Bretagne

Dans tous les cas…

Gardez à l'esprit que la Bretagne a un futur et que vous contribuez à construire ce futur.

Exposez des faits plutôt que des convictions. Donnez éventuellement les adresses internet des dossiers correspondant, plutôt que de vous étendre sur des descriptions

Evitez les dénonciations de masse : les salauds de patrons, les fainéants de fonctionnaires, les paysans tous pollueurs, les écologistes tous allumés, les Musulmans tous terroristes. La croyance en des culpabilités collectives bloque la résolution des problèmes et conduit au pire.

Détaillez et précisez les pratiques responsables que vous préconisez.
Exemple1. Plutôt que « faire travailler les entreprises locales », proposer des pistes comme « Mettre en place le une information des entreprises locales lors d'appels d'offres publics lancés par les municipalités ».
Exemple 2 : Plutôt que « les élus doivent nous représenter », proposer des manières de régler ou de rendre visible les conflits entre leur statut de représentant du peuple et leur statut de représentant de l'état.

Proposez des solutions, même si elles sont utopiques dans le cadre actuel.
Il va de soi quand même que les solutions faisables dans le cadre actuel ont plus de chance d'être mises en œuvre.

Ne cherchez pas à exprimer une vérité, mais un bien pour la Bretagne. La Bretagne avance en tâtonnant et en expérimentant de nouvelles solutions. Les propositions que vous faites devront être expérimentées. C'est seulement ainsi que l'on saura si elles sont bonnes pour les Bretons. La conformité à une idéologie ou à une philosophie n'est pas notre problème.

Relativisez la légalité existante. Ce n'est pas parce qu'une norme ou une loi existe aujourd'hui qu'elle existera encore demain. Vous contribuez ainsi au « choc de simplification ».

RÊVE ET OSE !

Une expérience fondatrice

De décembre 2013 à mars 2014, les Bonnets Rouges ont recueilli les doléances, les témoignages et les propositions des Bretons. Ce recueil s'est fait sur les marchés, par internet, par courrier. Plus de 14500 doléances ont été recueillies et analysées.

Le 8 mars 2014 se sont ouverts les États Généraux de la Bretagne, à Morlaix.
Les comités locaux, représentés par 5000 Bonnets Rouges, valident dans l'enthousiasme les 11 points revendicatifs.

(Photos : Gaël Cloarec)

Les doléances des Bretons en 11 points

1 – Maintenir la gratuité des routes en Bretagne et supprimer définitivement l'écotaxe

NON A L'ECO TAXE - PENSONS à notre industrie

A enep en eco taxe

Protéger les terres agricoles en taxant les maisons secondaires. Non à l'écotaxe, oui à la taxe des volets fermés !

Que toute taxe ou impôt prélevé en Bretagne reste en Bretagne

Connaissez-vous la taxe à l'essieu? l'écotaxe sera une taxe de plus dans les sacoches alourdies des transporteurs français et étendue ensuite à l'ensemble des automobilistes...NON à l'ECOTAXE !!!! La gratuité de nos routes ! Exigée par Anne de Bretagne !

Je trouve dommage que l'on nous prenne tous nos acquis, ceux de nos parents les nôtres, que restera t'il pour nos enfants petits enfants ? L'écotaxe c'est le transport - mais je crois surtout que l'on vise aussi le petit particulier pour nous faire payer les autoroutes bretonnes, alors que c'était un acquis instauré par Anne de Bretagne et que les routes bretonnes ne seraient jamais payantes.

Que toute taxe ou impôt prélevé en Bretagne reste en Bretagne

Ecotaxe actuelle : racket des entreprises

Les routes bretonnes doivent rester gratuites pour tous les véhicules !

S'il faut une taxe sur les transports, taxer les bateaux qui viennent de Chine au lieu de se tirer une balle dans le pied avec l'écotaxe.

Pas d'écotaxe en Bretagne pour les poids-lourds et forcément pas pour les moins de 3t5 non plus, car c'est tout qui va augmenter derrière. Au niveau pollution cela ne changera rien car les + de 3t5 iront sur les petites routes, les villages, les bourgs, donc plus dangereux et surconsommation de carburant donc plus de pollution.

JE REFUSE cet ECOTAXE de malheur qui n'est qu'un boulet supplémentaire aux entreprises du transport mais aussi de tous les secteurs.

Suppression des portiques Ecotaxe afin de permettre aux entreprises de la Zone euro d'être compétitives.

Proposition unique :
Suppression pure et simple de l'écotaxe

2 - Libérer les énergies et soutenir l'emploi par l'allègement des charges et des contraintes administratives.

Il faut simplifier les démarches administratives en dénonçant les abus et les complexités entretenus par les administrations, les collectivités, les communautés de communes.... On retrouve des redondances de services qui coûtent très cher aux PME et aux contribuables.

LIBERONS LES ENERGIES : il faut rééquilibrer les richesses en Bretagne, en favorisant ceux qui les génèrent et non ceux qui en profitent. Les entreprises bretonnes, qu'elles soient personnelles ou non, doivent d'abord pouvoir se développer avant d'être taxées.

je me suis, à plusieurs reprises et encore actuellement, investi dans des missions pour l'administration de l'état. Depuis 10 ans, je suis toujours en situation précaire car je refuse de passer les concours dont la réussite, pour être titulaire, m'obligerait à quitter ma région natale. Je veux mettre mes compétences au service de mes concitoyens bretons, pour ma région. Je refuse de quitter ma terre !

Il faut préserver la solidarité à tous les niveaux et l'esprit du TRAVAILLER ENSEMBLE.

Arrêter d'exiger des mises aux normes débiles dans tous les domaines, qui cassent l'esprit d'entreprise et découragent les "petites structures", quelles qu'elles soient, au profit des grosses. Comment oser s'installer, et créer par là même son propre emploi, si on doit se soumettre à des tracasseries administratives sans fin !

Il faut arrêter de tout vouloir réglementer et nous laisser vivre libres! Arrêter de noyer les gens sous des paperasseries, qui prennent un temps fou et ne rapportent qu'à ceux qui sont payer pour les pondre! Qu'on nous fiche la paix, en nous laissant travailler!

J'ai un enfant atteint de handicap. Tous les ans nous devons remplir un dossier (le même), une année c'est pour le renouvellement d'AVS, une autre c'est pour le projet de scolarité, une autre pour l'allocation d'éducation spécialisé. Je pense que ces démarches pourraient être allégées tout simplement en faisant remplir un projet de vie avec les équipes qui entourent l'enfant.

Dans mon métier de chauffeur routier je dois respecter la législation européenne mais aussi la française qui est plus contraignante. La Bretagne doit se prendre en charge et arrêter de suivre des normes inutiles qui mettent en danger la santé financière des entreprises.

Enfin de l'action pour sauver l'économie Bretonne !
Ras le bol de nous prendre pour des Pigeons.
Sauvons l'Avenir de nos enfants ! Tous ensemble.

Innovation, recherche et transfert de technologie. Mes constats :
1- Individualisation des recherches par branche ou organe de recherche 2- Poids des contraintes de production (normes toujours changeantes, culture du secret et du non-échange) 3- obstacles financiers (marges réduites , aides soumises à des contraintes diverses ..) 4- Obstacles administratifs (code des marchés publics, bureaucratie financière...) 5- Insuffisance de la protection des innovations (détournement, spoliations..) 6- Excès de formalisme administratif

Proposition remarquable :

- La France doit s'inspirer du modèle décentralisé des autres pays Européens et porter progressivement de 1 milliard à 30 milliards notre budget régional, ce qui permettrait de réaliser les grandes réformes internes attendues par les Bretons. En contrepartie, cette libération de nos énergies sera aussi profitable à l'économie française, surtout avec une grande Région Bretagne réunifiée.

3 - En finir avec le dumping social et les distorsions de concurrence en Europe

Notre économie n'est plus compétitive face aux charges et au temps de travail des salariés pour maintenir des entreprises en France.
Même l'Allemagne peut subir des délocalisations vers la Russie (pour le porc) alors qu'elle bénéficie de coûts de production faible (main d'oeuvre étrangère).
Les éleveurs qui s'en sortent travaillent beaucoup (12 h/j) voire même leurs enfants dès qu'ils peuvent (8-10 ans) = esclavage moderne silencieux à perte.

SONIA, 37ans, mariée, 1 enfant, travaillant dans l'agro-alimentaire depuis 19 ans. Je suis partisane des bonnets rouges depuis le tout premier jour. Je suis contre toutes ces TAXES qui finissent par nous appauvrir... Je suis contre cette concurrence déloyale de l'Allemagne qui embauche de la main d'œuvre étrangère à moindre coût. "L'ESCLAVAGE MODERNE". et qui ferme nos usines jour après jour.

Au niveau économique : liberté de décider avec qui, quels pays les Bretons peuvent commercer sans en référer à l'autorisation de Paris, de décider de nos choix économiques, énergétiques en lien avec nos ressources naturelles, nos productions, dans le nécessaire respect de notre pays, de son environnement.....

En finir avec les distorsions de concurrence et le dumping social qui plombe l'emploi en Bretagne.

On peut se féliciter d'être dans l'excellence en terme de production et en produits transformé puisque les normes françaises sont de loin beaucoup plus contraignantes, des coût de production plus élevés, une main-d'œuvre plus chère, un temps de travail plus court et le reste .... Nous sommes en train de nous déconnecter de l'Europe. Il faut à tout prix que les mentions d'origine soient indiquées sur tous les produits et pas que sur les produits frais.

Dénoncé depuis des décennies, le dumping social est inadmissible dans une unité économique comme l'UE.

Moi qui suis encore jeune (14) Je suis venu ici aujourd'hui pour avoir à l'avenir un véritable emploi !!

Les contrôles ne sont pas les mêmes d'un pays à l'autre.
Souhait que les contrôles soient aussi exigeants dans tous les pays.
La différence de traitement est mal vécue par les agriculteurs sur le territoire français. Ils se trouvent trop souvent aux prises avec une administration qui accumule les lourdeurs administratives. Le temps que les décisions soient prises sur des demandes de financement pour mise aux normes, cela met en difficulté les agriculteurs.

Propositions remarquables :

- Forcer les décideurs européens (élus et non élus) à harmoniser les législations sociales au sein de l'UE. Instauration d'un SMIC européen.

- Acheter local ou breton. Boycotter les produits liés au dumping social

- Empêcher les produits maudits d'être vendus en Bretagne

4 - Relocaliser les décisions et les pouvoirs économiques en Bretagne

Le littoral Breton qui représente actuellement 60% de la pêche française doit s'auto-protéger du pillage européen. C'est le futur comité régional des pêches qui doit autoriser ou non des bateaux européens dans ses eaux.

L'initiative privée, enracinée sur un socle culturel en toile de fond du bien public doit faire l'objet d'une réglementation souple et incitative dans l'objectif immédiat de créer des emplois localement tout en l'ouvrant à la France, à l'Europe et au monde.

Discipliner les grandes surfaces. En effet, les grandes surfaces sont la cause de la perte d'emplois innombrables dans le petit commerce, la désertification des centres villes et des villages et la mort des petits producteurs.
Exigeons qu'elles achètent des produits socialement propres, garantis sans « main-d'œuvre low-cost »
Et que leurs critères commerciaux ne soient pas basés exclusivement sur les prix bas payés aux producteurs

L'emploi est capital pour maintenir sur place les jeunes Bretons qui aujourd'hui sont trop nombreux à devoir quitter la Bretagne. Pour maintenir et développer l'emploi, la Bretagne a besoin de soutenir l'esprit d'entreprise. Pour cela, il faut des conditions favorables aux entreprises, des projets, des idées innovantes, des capitaux valorisés sur place ou des investissements internationaux, ainsi qu'une politique de formation qui réponde aux besoins des activités économiques.

Création d'une zone franche : subventions et baisse Tva sur certains projets de développement créateurs de richesses et d'emplois.

Faire une BRETAGNE unie et fière c'est une BRETAGNE qui se respecte et qui fait confiance aux bretons acteurs de notre belle région. Faire travailler nos artisans nos commerçants, respecter nos agriculteurs et nos marins, avec un patronat breton non véreux, nous ferons marcher nos usines. Moi je crois que tous ensemble nous arriverons à créer une meilleure vie à nos enfants et petits-enfants. C'EST MAINTENANT CAR REZORE REZORE.

Instauration d'un Breizh Small Business act qui permet aux collectivités territoriales de réserver 33% du montant des appels d'offres aux PME locales.

Pourquoi les marins bretons de l'offshore doivent-ils se déplacer à Paris pour une visite médicale (habilitée OG UK) alors que nous avons des médecins des gens de mer dans chaque port breton. Pourquoi devons-nous refaire valider nos certificats offshore en Ecosse ou Norvège alors qu'il y a un centre de sauvetage à St MALO.
En régionalisant les affaires maritimes et l'enseignement maritime, donnons-nous les moyens pour répondre aux besoins du futur (EMR, sauvetage, offshore), dynamisons les moyens actuels pour attirer les jeunes vers des métiers rémunérateurs et enrichissants.

Dévolution de la compétence économique à la Région, avec le budget correspondant (sans passer par la case Paris). Passage de 12% à 60% d'autonomie financière pour la Bretagne.

Propositions remarquables :
- Création d'une zone franche en Centre Bretagne
- Un Small Business Act breton
- Favoriser la transmission des entreprises à des repreneurs locaux ou à des salariés.

5 - Développer des infrastructures et des modes alternatifs de transport avec un rééquilibrage Ouest/Est

Développer le transport côtier par cabotage (autant que faire se peut), sur l'exemple du cabotage allemand le long des côtes de la Baltique.

Installation d'un port en eau profonde à Plouguiel, pour pouvoir accueillir des navires de type caboteurs, car-ferries, transports de camions, voitures... Quai économique de type Roll on-Roll off, wharf américain. Coexistence possible entre commerce, plaisance-tourisme et pêche. De nombreux exemples existent (Falmouth, GB). Rapidement cela représenterait des dizaines d'emplois.

Remettre en état le canal de Nantes à Brest. Le moderniser, il peut servir.

Il faut des MOYENS DE COMMUNICATION pour désenclaver notre pays breton. Un TGV, un vrai qui mette la Bretagne, ma Bretagne finistérienne, à 3 heures de Paris. Idem pour les transports aériens Easy Jet a fermé boutique à l'aéroport de Brest, ne reste que Air France.

Repenser le système de transport routier régional en lui réservant plutôt, et progressivement, les réseaux internes à la Bretagne ; réduire le diesel ; privilégier le ferroutage pour les longues distances ; créer des pôles qui rassemblent des plateformes de production (légumières, logistiques, etc.), des transporteurs et une gare de ferroutage [le coût d'une plateforme est de moins de 10 millions d'Euros].

Mettre des villes moyennes et centrées (je pense à Carhaix, ou Loudéac par exemple) à une heure maxi de Brest, Quimper, Vannes ou St Brieuc.

Mettre fin au monopole Air France, au coût exorbitant pour les bretons, sur les lignes aériennes du Finistère vers Paris.

Maitriser les transports terrestres avec le ferroutage - Créer à Brest un grand port dédié aux containers

Développer le dernier tronçon de chemin de fer pour que le port de Roscoff soit directement desservi serait aussi une bonne chose. Le ferroutage n'est pas une préoccupation majeure de l'Etat, et ce, malgré l'écotaxe (au fait pourquoi n'ont-ils pas mis de portails sur les autoroutes??).

Développer les lignes ferroviaires entre les petites villes (par exemple : Carhaix Rosporden, ça existe pendant les vieilles charrues).

Propositions remarquables :

- **Développer le cabotage.**
- **Un port dans le Trégor, à Keraret (Plouguiel)**
- **Une ligne aérienne low-cost entre Brest et Paris**
- **Du ferroutage en Bretagne, avec les entreprises bretonnes.**

6 - Appropriation par les Bretons de la filière énergie et développement des énergies renouvelables

Aider les citoyens à investir dans l'énergie. Création de coopératives d'énergie (production énergie éolienne, hydraulique, solaire, géothermique). Pour que l'énergie redevienne propriété du peuple et non pas de grands groupes financiers comme c'est le cas aujourd'hui.

Les lotisseurs proposent des terrains avec assainissement, raccordement électrique au réseau EDF, etc... mais pourquoi ne pourrait-on pas proposer des lotissements avec des centrales de production électrique locales (autour des énergies renouvelables) en partie à la charge des habitants d'un lotissement? La réflexion ne doit plus être individualisée mais commune.
La Guadeloupe prétend maintenant pouvoir atteindre l'autonomie énergétique d'ici 2020! Regardons le chemin parcouru par la Galice en 20 ans dans le domaine...

Je souhaite que la Bretagne exploite toutes ses possibilités en matière d'énergies renouvelables (éolien, hydrolien...), pour son indépendance énergétique.

Indépendance énergétique et création d'un opérateur public / privé régional.
Nos ressources naturelles existent, le soleil, l'éolien et l'hydrolien. Mais pour que ces énergies se développent, il faut réfléchir autrement: ne plus réfléchir dans une industrie éloignée des usagers. D'où vient l'énergie électrique pour les habitants de Basse-Bretagne? Une production distribuée et localisée au plus proche des usagers serait certainement la plus efficace, mais comment?
Les énergies envisagées à considérer sont l'éolien, l'hydrolien, la biomasse et le solaire. Mais qui peut faire que les énergies alternatives au nucléaire puissent voir le jour et se développer ? L'Etat, normalement oui, mais pas pour demain, seule la région peut s'imposer dans cette démarche et demander à lancer un plan d'urgence pour aller vers une indépendance énergétique et ainsi mettre sur pieds un opérateur régional énergétique public / privé.

Un plan énergie adapté à la Bretagne, favorisant les économies d'énergie et les énergies renouvelables, avec une production décentralisée au plus près du consommateur.

Nous sommes pour produire nos énergies renouvelables mais contre le fait de les revendre à EDF. Plutôt un système de compteur en + ou – comme cela se fait au Danemark depuis plus de 50 ans déjà.

J'aimerais que la Bretagne développe les énergies propres et renouvelables, le développement durable, que l'on arrête d'empoisonner notre bonne terre, notre mer, notre air, la planète toute entière, pour nous, mais surtout pour nos enfants, pour nos petits-enfants, ...

Propositions remarquables :

- Créer des coopératives locales de production d'énergie

- Fournir aux Bretons, par des circuits courts, de l'énergie produite localement. Supprimer les réglementations qui empêchent cela.

- Valoriser la biomasse (déchets verts et agricoles, lisier, algues, bords de route, ...)

- Ne plus dépendre, pour notre énergie, des grandes entreprises publiques ou privées sur lesquels nous n'avons aucun contrôle.

7 - Relocaliser la finance

Promouvoir le regroupement en coopératives, groupes d'investissement dans de nombreux domaines : production industrielle, agricole, pêche, production d'énergie, banques.

Il faut privilégier fiscalement les structures issues de l'Economie Sociale et Solidaire (ESS) et inciter et aider les structures qui ne le sont pas à le devenir.

De retour récemment en France pour les fêtes et ayant suivi de loin (je suis désormais en Chine) les revendications des Bonnets Rouges, je reste consterne par le drainage des finances de tous les Français par l'état, les banques, les grandes enseignes (Carrefour,...). Les services bancaires sont payants en France mais gratuits dans beaucoup de pays (cela inclut la gestion par internet et une carte bancaire).

Il nous faut obtenir que le "politique" retrouve les moyens de maîtriser le capitalisme sauvage afin que l'argent soit au service du peuple et non le contraire.

Je me suis inscrit dans le collectif des bonnets rouges du Pays d'Iroise et je voulais vous soumettre une idée qui me tenait à cœur pour redynamiser les échanges commerciaux locaux. Il me semble important que la région Bretagne se dote d'une monnaie " régionale "complémentaire comme, entre autres et pour exemples La sardine du Pays de Concarneau ou Le Gwennec à Guingamp.

Bonjour, tout d'abord, merci pour votre action. Je suis chef d'entreprise et souhaiterai que les cotisations tant salariales que patronales ne soient plus collectées au niveau national, mais régional. Je souhaiterai aussi pouvoir me passer d'avantage de ma banque, pouvoir généraliser l'échange de service, comme cela existe déjà, mais pouvoir le faire plus facilement, plus couramment.

Que les impôts payés par les Bretons reviennent en Bretagne ! (Système des landers Allemands).

Mise en place d'un fonds participatif type crowdfunding destiné à financer des mini-projets en industrie agro-alimentaires positionnés dans le haut de gamme, projets avalisés par des pairs. ex:arpeb...

Il nous faut une banque d'investissement bretonne et alléger la réglementation française. Toutes les normes imposées par l'Europe et surenchéries par la France freinent le développement économique et ont un coût pour notre économie.

Il y a Bretagne une absence de BANQUES régionales autonomes.
On constate également la quasi absence des épargnants bretons en ce qui concerne le financement des PMI/PME de BRETAGNE. La réforme bancaire doit s'accompagner de la création d'un FONDS BRETON d'INVESTISSEMENT (FBI)

Propositions remarquables :

- **Créer une monnaie régionale**
- **Multiplier les échanges sans argent (troc, ...)**
- **Une banque régionale autonome ou un fonds d'investissement, mettant l'argent des Bretons au service de l'économie régionale.**
- **Un crowdfunding breton.**

8 - Officialiser la langue et la culture bretonnes

Je ne veux pas d'une Bretagne (qui n'en serais plus une) à la New yorkaise sans identité, noyée dans un cosmopolitisme dont la seule culture commune serait celle de l'argent et de la marchandise.

Création d'une académie de la langue bretonne en plus de l'Office Publique de la Langue Bretonne en impliquant les universités et le monde culturel (Dastum, écrivains, enseignants).

Un enseignement de notre histoire et une initiation à notre culture doit être mis en place de façon obligatoire dans l'Education Nationale. La Bretagne doit aussi retrouver ses frontières historiques. Son avenir s'écrit à 5 départements

L'enseignement obligatoire à l'école de l'Histoire de la Bretagne - version Bretonne - PAS LA VERSION FRANCAISE REVISIONNISTE. (Un Anglais naturalisé Breton)

Ratification de la Charte européenne des langues régionales (promesse no. 56 du candidat Hollande), et que cette charte ne soit pas une charte au rabais. La France, par la main du premier ministre Jospin, n'a signé qu'une demi charte à vrai dire.

Exiger l'élection au suffrage universel du recteur d'Académie et d'un conseil rectoral d'éducation l'entourant.

Evit ma vo Breizh ur vro gaer, kengred enniñ, bleunius ha digor war ar bed . Naoned e Breizh . Brezhoneg e penn ar jeu

Mon père est allé à l'école. Il fallait parler français. Or, il n'avait appris que le breton à la maison. Alors, il a fallu qu'il apprenne rapidement la langue de la République, pour éviter les punitions.
Mon père ne m'a pas transmis sa langue maternelle, qui aurait du être l'une des miennes. Aujourd'hui, j'apprends toute seule la langue de mes racines, que Paris m'a volé. Paris m'a volé aussi une partie de moi-même : mon identité. Cette chose à la base de la construction de soi-même.
Mais je sais que dans chaque épreuve se cache un cadeau : aujourd'hui je travaille sur mon identité, et ma détermination à faire connaissance avec mes racines est d'autant plus forte. Alors, merci Paris : un peu de rancune envers Toi, qui me rend encore plus forte pour continuer. Et je crois que je ne suis pas la seule. Alors Attention Paris, car l'Union fait la Force.

Sensibiliser la jeunesse au patrimoine historique et culturel breton, qui s'inscrit dans le patrimoine de l'humanité, pour une meilleure prise de conscience de leurs droits et de leurs devoirs.

La reconnaissance officielle de la langue bretonne et des cultures de Haute et Basse Bretagne. L'enseignement généralisé du et en breton en Basse-Bretagne et pour ceux qui le veulent en Haute Bretagne. L'enseignement généralisé de l'histoire de Bretagne dans une analyse réellement bretonne et la plus objective possible.

Propositions remarquables :

- **La langue bretonne pour tous, en particulier à l'école**
- **Enseignement obligatoire de l'histoire de Bretagne.**
- **Régionalisation de l'Éducation Nationale.**
- **Régionalisation des institutions liées à l'art et aux métiers artistiques.**

9 - Renforcer l’expérimentation, le dialogue, la transparence et le « vivre ensemble » en Bretagne

Dav eo Respektañ al laBourerien. Toud zo graet evid ober Droug deho! Sinet : eur peizant SKuizH.

Recherche d'un nouveau consensus breton
Nous devons élargir le spectre de nos interventions en tant que Bonnets Rouges, de sorte à pouvoir parler de ce qui préoccupe certains de nos concitoyens, mais peut-être sur d'autres points que ceux des BR : entre autres dans le domaine de l'environnement, la culture, l'énergie.

Il faut que les mairies mettent en chantier des logements partagés pour des personnes voulant vivre ensemble pour diminuer les coûts mais aussi favoriser les relations. Pourquoi pas des personnes âgées avec des jeunes?

Ma doléance principale consiste à signifier aux pouvoirs publics qu'on attend d'eux qu'ils sachent échanger, discuter, négocier au lieu d'imposer des choses par la force ou de traiter des doléances par le mépris

Que peuvent faire les agriculteurs dans le domaine environnemental ?
Que peuvent accepter les écologistes comme activités économiques ?

Nous, agriculteurs, nous n'acceptons plus les contrôles vexatoires, pour ne pas dire humiliants, d'une administration qui par ailleurs a déjà toutes les informations utiles et nécessaires en plusieurs exemplaires pour savoir ce qu'il en est. Enfin, je n'accepte plus que chaque jour un agriculteur mette fin à ses jours dans l'indifférence la plus totale. Oui je veux vivre, travailler et vivre de mon travail, et décider en Bretagne pour les bretons. Pour moi, et pour mes fils.

" Vivre, travailler et DECIDER au pays " De ces trois mots le plus importants est évidemment DECIDER au pays !

Ce qui me gêne en tant qu'ancien maire, c'est de voir des élus qui gaspillent l'argent public. Il doit y avoir "engagement signé des élus" pour ne pas augmenter les impôts locaux plus que le coût de la vie.

Le droit à l'expérimentation : important d'en détailler le contenu point par point. Important d'en chiffrer les budgets et donc un nouveau mode de récolte, des impôts pour une région Bretagne entière forte. Que la France nous redonne les clés de la Bretagne qu'elle nous a volées.

Principe de subsidiarité = tout ce qui peut être géré à l'échelle du territoire doit être géré à l'échelle du territoire.

SOLIDARITE avec nos paysans qui nous nourrissent et entretiennent nos paysages,
SOLIDARITE avec nos marins, ambassadeurs de la Bretagne sur les mers,
SOLIDARITE avec nos artisans qui par leur savoir-faire façonnent notre quotidien,
SOLIDARITE avec les transporteurs qui relient les hommes entre eux,
SOLIDARITE avec les ouvriers / employés sans qui rien ne seraient possible,
SOLIDARITE avec les précaires qui souffrent en silence
SOLIDAIRE pour une BRETAGNE où il est possible de CIRCULER GRATUITEMENT !!!

Propositions remarquables :

- Instaurer le dialogue et le respect entre les Bretons, qui ont des intérêts contradictoires. Arrêter de harceler les paysans.

- Transparence des comptes publics locaux

- Mettre en place des expérimentations quand les réglementations ne profitent à personne.

10 - Doter la Bretagne de ses propres médias audiovisuels et numériques

France 3 Bretagne a coûté 32 millions d'euro en 2010, tout ça pour quelques heures de décrochages régionaux par semaine...
BBC Alba, chaîne écossaise, a coûté autour de 12 millions d'euro en 2009 pour une chaîne de plein exercice.
On continue avec les dépenses folles ou on change de système ?
Pour une redevance régionale.

le développement de médias indépendants et publics en breton (presse, télévision, radio, internet...).

Une télévision et des radios en breton et en gallo, consacré à la langue et la culture bretonne.

Création de moyens télévisuels et radiophoniques bretons couvrant l'ensemble du territoire breton c.a.d les 5 départements actuels

Une chaîne de télévision libre régionale et publique (comme S4C en pays de Galles). Un forum serait créé pour que tous les Bretons débattent de leur futur pour se redécouvrir, en entrant ainsi dans le maximum de foyers bretons.

SACEM & SPRE
Concernant les collectivités, associations, entreprises, commerçants et artisans qui diffusent de la musique sur leurs lieux professionnels :
Nous demandons de mettre fin au monopole de la SACEM dans le recouvrement des droits d'auteur (non pas que les Bonnets Rouges soient opposés à la propriété intellectuelle, mais non réclamons qu'il y ait un vrai secteur concurrentiel).
Dans un premier temps, en attendant que l'État fasse une proposition crédible, nous exigeons que le taux de recouvrement soit réduit de moitié (moins 20% sur toutes factures) sachant que les frais de gestion s'élèvent à 40% aujourd'hui. Cette mesure ne lésera pas les auteurs-compositeurs et éditeurs de musique puisque nous ne diminuons que les frais de gestion.
Il en serait de même pour la SPRE et tout organisme similaire (cela aura pour mérite de fédérer et de mettre un éclairage sur ces organismes peu transparents qui brassent énormément d'argent).
Toute facture devra donc être diminuée de 20% dès maintenant.

Chaîne généraliste publique bretonne en langue bretonne à 80% (20% en français) -Création d'une part régionale sur la redevance audiovisuelle (des 5 départements) à hauteur de 50%, les 50 autres % étant reversés au niveau national. (A ma connaissance 125 millions d'euros de redevance bretonne actuelle feraient pour la Bretagne une dotation annuelle de 62.5 millions d'euros, de quoi mettre aisément en place les 4 services précités.)

Propositions remarquables

- Radio : Depuis plus de 15 ans, le CSA privilégie l'attribution de fréquences FM disponibles en Bretagne à des réseaux parisiens privés et publics. Toutes les fréquences arrivant à échéance ou toute nouvelle fréquence créée devront être proposées et attribuées aux opérateurs locaux historiques afin de leur assurer une activité pérenne.

- Casser le monopole de la SACEM

- Mise en place d'un service public breton de radio et télévision sur les 5 départements.

- Développer les médias internet bretons

11 - Une Bretagne forte à 5 départements avec relocalisation des décisions politiques

L'avenir de la Bretagne est celui d'une collectivité autonome, bilingue voire trilingue (les Finlandais le sont bien) plongée dans un réseau de synergie avec la France et directement partie d'une Europe Etat. C'est une Bretagne qui aura appris à valoriser ses productions notamment agricoles en harmonie avec son environnement et ses autres industries. Les premières urgences - la réunification pour atteindre la population du Danemark, la taille de la Belgique ou le PIB de la Hongrie. - la création d'un établissement public regroupant les 3 métropoles et les communes de plus de 10.000 habitants pour créer des synergies au niveau du territoire - la dévolution progressive du pouvoir réglementaire en commençant par la fiscalité de proximité, l'action économique, les attributions linguistiques et l'enseignement - la suppression des entraves à la circulation - l'établissement de règles du travail compréhensibles pour les petites et moyennes entreprises - la fusion des départements et de la région - la constitution de communautés de communes au niveau des "pays"

Que les cotisations sociales de SS restent en Bretagne
Que la Sécurité Sociale ait un fonctionnement régionalisé

Organisation des concours de recrutement de la Fonction publique d'Etat au niveau régional

J'aimerais aussi que les décisions qui concernent la Bretagne, soient prises en Bretagne, par des Bretons et non pas par des Parisiens qui n'ont que pour horizon leur bureau ou le périph.

Nous aimerions que la Maison des Artistes qui est l'organisme qui gère la Sécurité sociale et aussi les droits d'auteur de nos professionnels, soit basée à Rennes plutôt qu'à Paris. Nous aimerions un organisme qui s'occupe de TOUS les artistes quels que soient leur choix artistique et leur technique.

Encore une fois autonomie, autodétermination, rime avec démocratie. (Charte des Nations Unies, chapitres XI, XII et XIII.)

Audit sérieux sur l'économie de la Bretagne. Débit / Crédit vis à vis de la France

Pouvoir législatif dans toutes les compétences non-régaliennes

Commencer par la reconnaissance du peuple breton, de sa langue et de son histoire, le retour chez nous de la Loire Atlantique. Réorganiser un parlement, démocrate et fédéraliste, avec pouvoir de juridiction et de fiscalité. Réformer entièrement le système des fonctions publiques avec devoir de résultats. Contrôler les revenus du territoire et l'économie, participer aux décisions politiques à l'échelle européenne et internationale. Contrôler l'aménagement territorial de la Bretagne au gré de ses spécificités et de ses exigences au profit des populations et non des intérêts des spéculateurs. Encourager efficacement les initiatives privées et collectives et développer l'artisanat.

Propositions remarquables :

- Une région « Bretagne » dans sa réalité historique, incluant la Loire Atlantique.

- Un parlement breton avec pouvoir législatif, à l'image de ce qui existe à peu près partout ailleurs (Landers allemands, Ecosse, Catalogne, etc.).

- La dévolution progressive du pouvoir réglementaire en commençant par la fiscalité de proximité, l'action économique, les attributions linguistiques et l'enseignement.

- Une autonomie de la Sécurité Sociale en Bretagne, comme cela existe en Alsace.

- Régionalisation de la collecte des taxes et des impôts

La démarche

Avec les cahiers de doléances, les Bonnets Rouges ont initié une démarche qui s'inscrit dans la durée :

- Recueillir les revendications et les espoirs des Bretons ;
- Restituer l'aspiration populaire de façon synthétique et compréhensible par tous ;
- Identifier les revendications consensuelles, qui structureront la Bretagne de demain ;
- Porter ces revendications au niveau adéquat, ou les mettre en œuvre nous-mêmes.

Cette démarche n'a rien d'extraordinaire. Elle devrait être à la base de toute construction démocratique. Dans le futur, on s'étonnera qu'il ait fallu attendre le XXIe siècle et le mouvement des Bonnets Rouges pour la mettre en place.
La plupart des contributions individuelles ou collectives contiennent plusieurs doléances, jusqu'à 35 pour une seule contribution. Sur 3000 contributions environ, nous avons compté plus de 14 000 doléances.

Nous avons encore des progrès à faire. Pour cette première série, nous avons omis de demander aux auteurs des renseignements sur eux-mêmes, ainsi que de noter le jour et la circonstance. Ces améliorations seront mises en place pour les rééditions de cette opération.

À partir de l'ensemble des textes obtenus, nous avons utilisé plusieurs méthodes d'analyse, afin que le résultat ne soit pas biaisé par une méthode particulière.

1 – Le classement en catégories :

Nous avons classé les doléances bretonnes en 4 catégories. Les catégories sont liées à la forme du message, et à qui il est adressé.

Les cris. Ce sont des coups de gueule (*« Hollande démission ! », « banquiers pourris ! »)* ou des invectives qui ne sont adressés à personne en particulier (*« Re zo re ! », « Vive la Bretagne libre ! »).* Les cris représentent 11% du total des doléances

Les témoignages. Ils décrivent une histoire personnelle qui illustre souvent une situation émouvante ou alarmante (*« Je suis aide-soignante et j'ai vu ... »).* Les témoignages représentent 4% du total des doléances.

Les revendications. Elles peuvent être adressées à des institutions (locales, régionales, étatiques, européennes) ou à des puissances économiques ou financières (banques, grande distribution, ...). Les revendications adressées à l'État français représentent 33% des doléances. Cela n'a rien d'étonnant, compte tenu de la centralisation des décisions dans le système politique que nous connaissons. Les revendications adressées aux pouvoirs locaux et régionaux représentent 29%, celles qui sont adressées à l'Europe 5% des doléances. Les revendications adressées à des puissances économiques ou financières représentent 2% des doléances.

Les pratiques responsables. Elles peuvent concerner un appel à tous les Bretons *(« Apprenons le breton à nos enfants », « Il faut des réseaux locaux d'épargne solidaire »* ...) ou à certaines catégories (paysans, écologistes, chefs d'entreprises, syndicalistes, jeunes, retraités, ...). Les pratiques responsables représentent 16% du total des doléances

2 – Le classement en « tags »

Nous avons identifié 23 tags différents. Les tags sont des idées clairement exprimées. De nouveaux tags peuvent apparaître avec de nouvelles doléances. Les tags se rapportent au contenu de la doléance.
Le travail a consisté, non pas à rapporter une doléance à un seul tag, mais à traduire les doléances en tags. Il faut généralement plusieurs tags pour traduire une doléance.

L'objectif, au fil des analyses futures, sera d'en arriver à un ensemble de tags le plus pertinent possible, un peu comme un chef de gouvernement définit des ministères.

Le tag le plus fréquent est « Un statut pour la Bretagne » (12% des tags). Les exemples étrangers (Länder allemands, Ecosse, Catalogne, Pays de Galles) sont cités dans 38% des cas.
Quasiment à égalité (11%) apparaissent :
« Fiscalité » (l'écotaxe étant citée dans 60% des cas)
« Réunification de la Bretagne ». Ce tag apparaît le plus souvent dans la catégorie des « cris » et dans les contributions qui comportent plusieurs doléances. Il est alors présenté comme un préalable ou une condition de succès.

Ensuite, à égalité (10%) :
« Social, emploi, santé ». C'est le tag sur lequel il y a le plus de propositions, d'appels aux Bretons et de témoignages.
« Identité bretonne ». Il se présente sous deux formes, « Langue bretonne » d'une part, « Culture, éducation » de l'autre.
Ensuite viennent « Environnement, agriculture, mer » (8%) et « Dynamisme économique » (6%).
Si on fusionne le tag « Social, emploi, santé » et le tag « Dynamisme économique » en un seul tag « Prospérité et bien-être des Bretons », il arrive à égalité avec le tag le plus fréquent, « Un statut pour la Bretagne ».

3 – Les nuages de mots

Les nuages de mots permettent de donner une impression d'ensemble, à partir des termes qui reviennent le plus souvent. Toutefois, selon le tri préalable (articles, adverbes, etc.) et la façon d'assembler les mots, ils vont se différencier. Ainsi, sur le second nuage, nous avons lié « 5 départements » à « Réunification », ce qui fait que « Réunification » apparaît plus nettement.

En voici 2, obtenus à partir des doléances

4 – L'analyse informatique

(Merci pour sa contribution scientifique et technique au professeur Yannis Haralambous, enseignant-chercheur à Télécom Bretagne/LabSTICC et spécialiste de la fouille de texte)

L'analyse informatique permet de dégager des « communautés » dans les réseaux sémantiques. Elles correspondent à des associations d'idées que les Bretons établissent spontanément (par exemple la relation du mot « emploi » avec le mot « entreprise », ou avec « politique »). L'analyse éclaire aussi les relations qu'ils font entre les différentes « communautés ». Les « communautés » sont matérialisées par des zones coloriées. Les relations sont représentées par des lignes plus ou moins épaisses.
Nous avons exclu les mots « Bretagne », « Breton », « Breizh », qui se retrouvent partout. Nous avons conservé le mot « pays », mais il est utilisé avec différentes significations.

Nous présentons ci-après quatre graphiques. Bien d'autres ont été réalisés.
Les uns apportent des analyses selon la taille des contributions. D'autres encore analysent les cris, les revendications, ou les demandes qui s'adressent aux Bretons eux-mêmes.

Le but ici n'est pas de faire une présentation complète du travail des Bonnets Rouges, mais de passer à l'action en nous appuyant sur la volonté populaire.

Communautés sémantiques et relations obtenues en ne prenant que les <u>noms</u> les plus fréquents sur l'ensemble des contributions

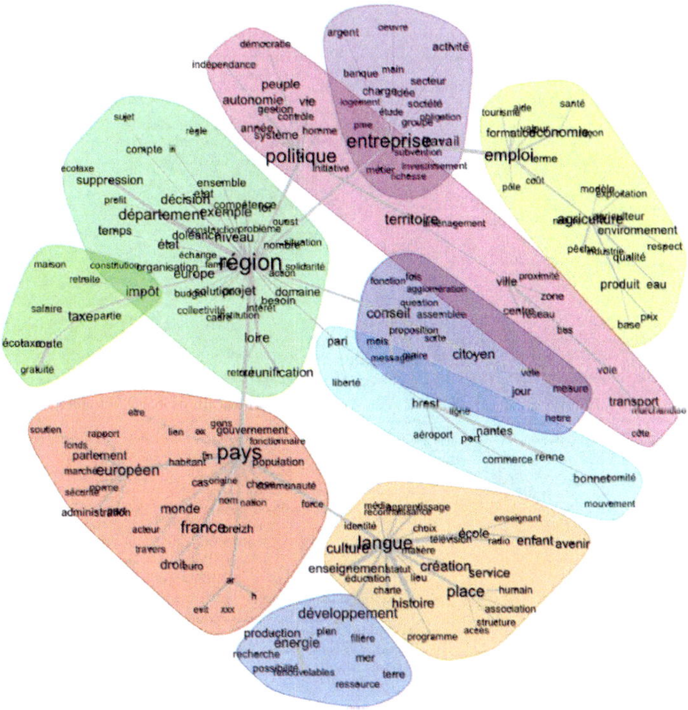

Pour les Bretons, la « région » est centrale, du fait de nombreux liens.

« Assemblée » et « citoyenneté » appartiennent à une communauté sémantique autonome par rapport à celle de « politique ».

« Emploi » et « agriculture » font partie de la même communauté sémantique. Le lien entre « emploi » et « entreprise » est fort, tout comme le lien entre « entreprise » et « région ».

En revanche, « politique » et « emploi » ne sont pas liés.

L'éducation (« langue », « culture », « enseignement » est lié au « pays » d'une part, au « développement » de l'autre.

Communautés sémantiques et relations obtenues en ne prenant que les noms les plus fréquents sur les contributions longues (plus de 829 caractères)

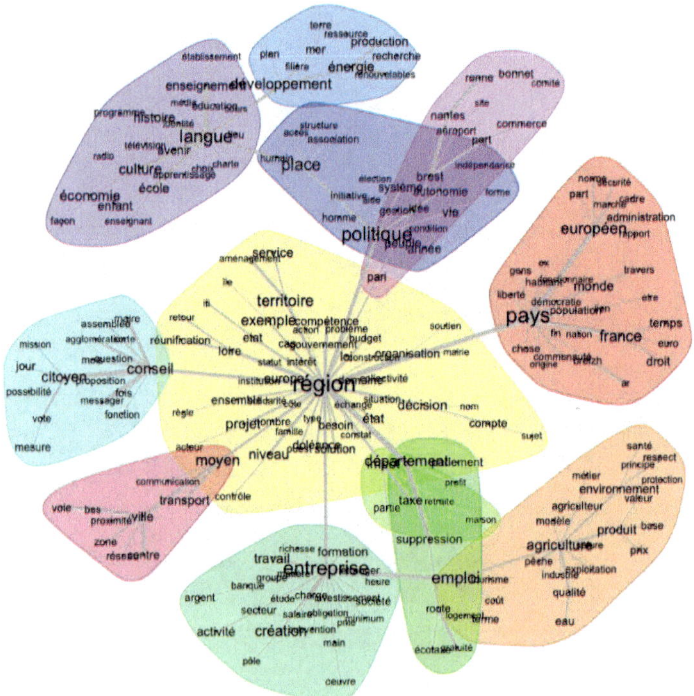

Pour les Bretons qui expriment une pensée élaborée, la région est toujours centrale.
Ici, « entreprise » et « création » font partie de la même communauté sémantique.
« Emploi » est en lien avec « entreprise » et « agriculture ».

A la différence du tableau d'ensemble présenté sur la page précédente, l'éducation (« langue », culture », « enseignement ») n'est plus en lien avec « pays », mais avec « politique » et « développement ».

Communautés sémantiques et relations obtenues en ne prenant que les verbes les plus fréquents sur l'ensemble des contributions

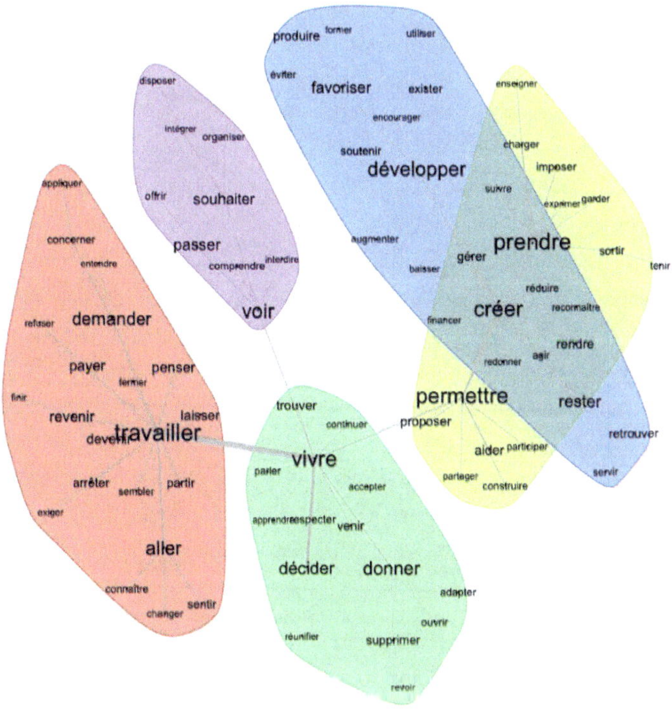

Pour les Bretons, « Vivre » est d'abord en lien avec « travailler ».
« Vivre » c'est aussi « décider » et « donner ».
Dans la communauté sémantique « travailler », on trouve aussi « revenir » (au pays ?), « partir », mais aussi « demander ».

« Créer » et « prendre » font partie de la même communauté sémantique que « permettre » d'une part, « développer » d'autre part.

Communautés sémantiques et relations obtenues en ne prenant que les verbes les plus fréquents sur les contributions longues (plus de 829 caractères)

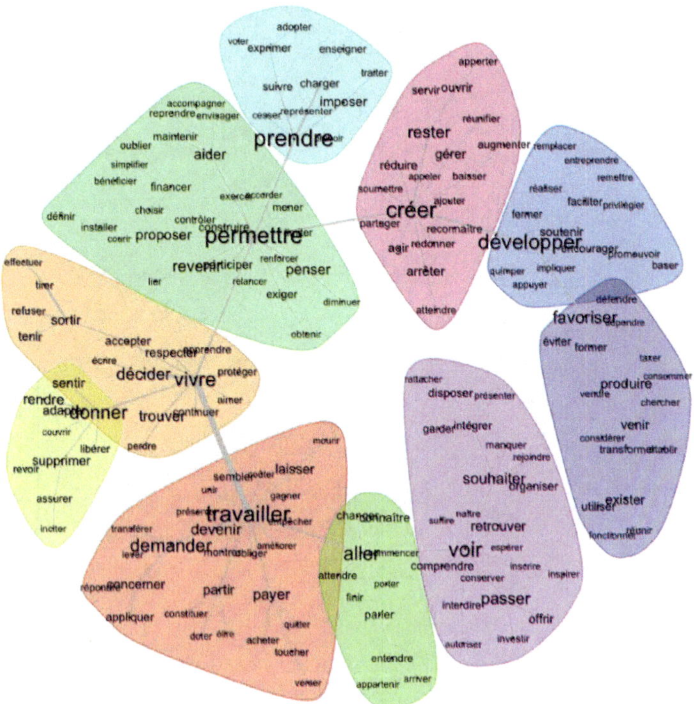

Pour les Bretons qui expriment une pensée élaborée, le lien entre « vivre » et « travailler » reste très fort.
Dans la communauté sémantique « vivre », on trouve « décider », mais aussi « respecter », « donner », « protéger », « trouver », « aimer ».

« Créer » n'est pas lié à « travailler ». Il est lié à « développer » d'une part, à « permettre » d'autre part.

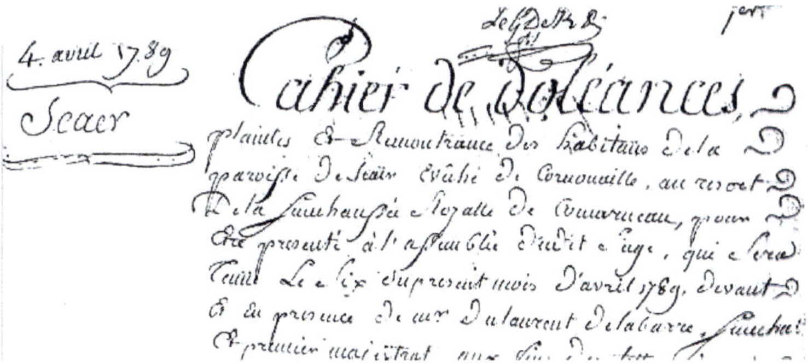

4. avril 1789
Scaer

1er

Cahier de doléances, plaintes & Remontrance des habitans de la paroisse de Scäer évêché de Cornouaille, au ressort de la Sénéchaussée Royalle de Concarneau, pour être présenté à l'assemblée dudit siège, qui sera tenue le six du présent mois d'avril 1789, devant & en présence de mr Dulaurent delabarre, Sénéchal & premier magistrat [illegible]

LA RÉPONSE DES POUVOIRS PUBLICS

3. Le fait du jour — Le Télégramme

J.-M. Ayrault. Un pacte pour « agir vite »

Jean-Marc Ayrault, qui sera aujourd'hui à Rennes, défend le Pacte d'avenir pour la Bretagne qu'il qualifie de « main tendue ». Dans une interview au Télégramme, le Premier ministre ouvre le dialogue et dit attendre des propositions « audacieuses ».

Réponse de la présidence de la République

La Directrice de Cabinet
du Président de la République

Monsieur Christian TROADEC
Porte-parole du Collectif « Vivre, décider et travailler en Bretagne »
Maire de Carhaix-Plouguer, Conseiller général
Conseil général du Finistère
32, BOULEVARD DUPLEIX
29196 QUIMPER CEDEX

Paris, le

Monsieur le Maire,

Au nom du Collectif « Vivre, décider et travailler en Bretagne », vous avez appelé l'attention du Président de la République sur les onze revendications présentées aux Etats généraux de Bretagne, le 8 mars dernier à Morlaix. Vous avez également fait part de votre souhait d'accueillir prochainement le Chef de l'État en Bretagne afin d'évoquer l'avenir de la région.

Sensible à votre démarche, Monsieur François HOLLANDE m'a confié le soin de vous en remercier et de vous assurer qu'il a pris connaissance avec la plus grande attention de vos attentes. A la demande du Chef de l'État, j'ai fait part de votre invitation auprès du Premier ministre qui ne manquera pas de vous tenir directement informé de la suite susceptible de lui être réservée.

Le Chef de l'État est convaincu que la Bretagne doit évoluer vers un modèle de développement durable, permettant d'assurer la modernisation et la diversification de son économie productrice. Ce modèle doit reposer sur le dialogue, la concertation et une prise de décisions au plus près des territoires, afin d'adapter les mesures à chaque situation. A cet effet, les spécificités bretonnes seront davantage valorisées au sein même de son organisation territoriale.

Soyez par ailleurs assuré de la vigilance accordée au respect par les acteurs économiques des conditions de la libre concurrence, protégée au niveau européen.

Je vous prie d'agréer, Monsieur le Maire, l'assurance de ma considération distinguée.

Sylvie HUBAC

Référence à rappeler
PDR/SCP/BEAR/C026932

La Directrice de Cabinet
du Président de la République

Madame Corinne NICOLE
Porte-parole du Collectif « Vivre, décider et travailler en Bretagne »
Déléguée CGT de Tilly-Sabco
KERLOUET
29650 GUERLESQUIN

Paris, le

Madame la Déléguée,

Au nom du Collectif « Vivre, décider et travailler en Bretagne », vous avez appelé l'attention du Président de la République sur les onze revendications présentées aux Etats généraux de Bretagne, le 8 mars dernier à Morlaix. Vous avez également fait part de votre souhait d'accueillir prochainement le Chef de l'État en Bretagne afin d'évoquer l'avenir de la région.

Sensible à votre démarche, Monsieur François HOLLANDE m'a confié le soin de vous en remercier et de vous assurer qu'il a pris connaissance avec la plus grande attention de vos attentes. A la demande du Chef de l'État, j'ai fait part de votre invitation auprès du Premier ministre qui ne manquera pas de vous tenir directement informé de la suite susceptible de lui être réservée.

Le Chef de l'État est convaincu que la Bretagne doit évoluer vers un modèle de développement durable, permettant d'assurer la modernisation et la diversification de son économie productrice. Ce modèle doit reposer sur le dialogue, la concertation et une prise de décisions au plus près des territoires, afin d'adapter les mesures à chaque situation. A cet effet, les spécificités bretonnes seront davantage valorisées au sein même de son organisation territoriale.

Soyez par ailleurs assuré de la vigilance accordée au respect par les acteurs économiques des conditions de la libre concurrence, protégée au niveau européen.

Je vous prie d'agréer, Madame la Déléguée, l'assurance de ma considération distinguée.

Sylvie HUBAC

Référence à rappeler
PDR/SCP/BEAR/C026932

La Directrice de Cabinet
du Président de la République

Monsieur Thierry MERRET
Porte-parole du Collectif « Vivre, décider et travailler en Bretagne »
Président de la FDSEA du Finistère
5 ALLEE SULLY
29322 QUIMPER CEDEX

Paris, le

Monsieur le Président,

Au nom du Collectif « Vivre, décider et travailler en Bretagne », vous avez appelé l'attention du Président de la République sur les onze revendications présentées aux Etats généraux de Bretagne, le 8 mars dernier à Morlaix. Vous avez également fait part de votre souhait d'accueillir prochainement le Chef de l'État en Bretagne afin d'évoquer l'avenir de la région.

Sensible à votre démarche, Monsieur François HOLLANDE m'a confié le soin de vous en remercier et de vous assurer qu'il a pris connaissance avec la plus grande attention de vos attentes. A la demande du Chef de l'État, j'ai fait part de votre invitation auprès du Premier ministre qui ne manquera pas de vous tenir directement informé de la suite susceptible de lui être réservée.

Le Chef de l'État est convaincu que la Bretagne doit évoluer vers un modèle de développement durable, permettant d'assurer la modernisation et la diversification de son économie productrice. Ce modèle doit reposer sur le dialogue, la concertation et une prise de décisions au plus près des territoires, afin d'adapter les mesures à chaque situation. A cet effet, les spécificités bretonnes seront davantage valorisées au sein même de son organisation territoriale.

Soyez par ailleurs assuré de la vigilance accordée au respect par les acteurs économiques des conditions de la libre concurrence, protégée au niveau européen.

Je vous prie d'agréer, Monsieur le Président, l'assurance de ma considération distinguée.

Sylvie HUBAC

Référence à rappeler
PDR/SCP/BEAR/C026932

Un « Pacte d'avenir pour la Bretagne »

Voici la façon dont ce Pacte est présenté par le Conseil régional et la préfecture de région :

Après plusieurs décennies d'un rattrapage économique, qui lui a permis de se placer parmi les régions françaises les plus dynamiques, la Bretagne connaît une période de doutes. Avec les difficultés de certaines de ses filières socles, dont notamment les activités agricoles et agroalimentaires, c'est une part de son modèle de développement, de son organisation territoriale équilibrée et de sa forte cohésion sociale qui semble fragilisée. Ces inquiétudes, face à des mutations profondes, à leurs répercussions sociales pour les salariés et leurs familles, ont entrainé un début de crise de confiance, en l'avenir de la région et dans les institutions et leurs représentants. Ce doute a pris une dimension particulière dans une région qui fait des valeurs collectives, de son identité et du lien social des atouts majeurs.

C'est à cette inquiétude que, le 16 octobre, le Premier ministre a souhaité répondre en proposant à la Bretagne l'élaboration d'un Pacte d'avenir avec l'État autour de trois axes : des mesures d'urgence, un plan agricole et agroalimentaire et une anticipation du Contrat de plan État-Région (CPER).

La Bretagne y a réagi favorablement et s'est mobilisée pour enrichir la proposition. Sous l'impulsion conjointe du Président du Conseil régional et du Préfet de la région, plus de 25 réunions ont été tenues, avec les élus, les représentants socio-économiques, les représentants associatifs, les Départements, les agglomérations, les pays etc... et plus d'une centaine de contributions écrites ont été reçues et analysées.
Ce travail considérable a conduit à l'écriture d'un Pacte ambitieux, exprimant la volonté collective de rebond, en valorisant les multiples atouts de la Bretagne : le potentiel lié aux activités maritimes, l'atout des filières alimentaires, le gisement des compétences humaines et le goût pour la connaissance, la puissance des valeurs collectives et de l'identité culturelle...

Ce Pacte retient SEPT GRANDS OBJECTIFS :
- accompagner les mutations sociales et industrielles et le soutien à l'investissement public
- confirmer la Bretagne comme grande région productive et industrielle, intégrant le plan de développement de l'agriculture et de l'agroalimentaire pour la Bretagne
- conforter la Bretagne comme l'une des principales régions maritimes européennes
- affirmer l'identité culturelle de la Bretagne
- approfondir l'investissement de la Bretagne dans la connaissance
- améliorer l'accessibilité de la Bretagne et soutenir les dynamiques de territoire
- sceller un Pacte de confiance

Ce Pacte valorise d'une part ce que la Région apporte à la France par son développement et ses spécificités et d'autre part ce que l'État apporte à la Bretagne pour favoriser son rebond, encourager ses initiatives et libérer ses dynamiques. Ce Pacte est un cadre dans lequel la Bretagne doit conforter sa capacité à définir elle- même, en lien avec l'État, les voies de son développement.

Des dispositifs pour répondre à la situation d'urgence

Le Pacte apporte des réponses concrètes et immédiates à la situation difficile de la Bretagne, de certains de ses habitants, de certaines de ses entreprises et de ses territoires. Il propose des dispositifs d'anticipation des difficultés, de soutien aux personnes touchées par les plans sociaux, d'accompagnement des entreprises en restructuration, d'appui aux territoires en mutations. Tel est le cas, par exemple, de la mise en place de plateformes d'appui coordonnant, sur les territoires du Finistère, de Redon ou de Rennes, les actions et les moyens déployés.
Ce sont des moyens nouveaux, y compris financiers, notamment pour les entreprises IAA (industries agroalimentaires) et les producteurs (une enveloppe de 34 M€ de crédits européens, nationaux et régionaux est ainsi mobilisée). C'est l'affirmation d'une volonté très forte d'un approfondissement du dialogue social, notamment territorial avec le développement des logiques de Gestion prévisionnelle de l'emploi et des compétences (GPEC) territoriale.
Le Pacte permet la mobilisation immédiate, dès 2014, de crédits publics nouveaux dans plusieurs secteurs, de nature à soutenir l'activité dans des domaines importants comme, la recherche et les constructions universitaires (plus de 7 M€), le logement et la rénovation thermique (48 M€), mais aussi le patrimoine culturel (1,6 M€). S'y ajoutent les crédits engagés par l'État et la Région à parité pour la poursuite des travaux sur la RN 164 à hauteur de 30 M€ dès le début 2014.

LE PLAN AGRICOLE ET AGROALIMENTAIRE, UNE NOUVELLE AMBITION POUR LE PREMIER PILIER DE L'ÉCONOMIE BRETONNE.
Le plan pour l'agriculture et l'agroalimentaire formalise un projet de développement ambitieux et volontariste pour le premier secteur économique de la Bretagne. Après la charte pour une agriculture

pérenne du début des années 2000 et le projet de Nouvelle Alliance porté par le Conseil régional, c'est l'affirmation d'un engagement collectif pour maintenir et conforter le rang de la Bretagne dans ce domaine, reconquérir sa place sur tous les marchés, de proximité et lointains. C'est une nouvelle dynamique qui est proposée, prenant en compte les enjeux de chacune des filières, avec une concentration des moyens sur des priorités fortes et partagées. Investir plus, notamment pour moderniser l'outil productif, mettre en œuvre un grand plan de développement de la méthanisation. Innover toujours, avec pour objectif de faire de la Bretagne une région leader sur des produits à haute valeur ajoutée. Vendre mieux pour se repositionner sur tous les marchés porteurs. Former autrement pour s'adapter et anticiper les mutations des filières.

L'ensemble de ces orientations s'articulent autour d'une triple performance économique, sociale et environnementale.
C'est une marque de confiance dans l'avenir de ce secteur, de la part de l'État, des institutions publiques et de la société bretonne dans son ensemble.
Les moyens nécessaires à cette ambition sont mobilisés. Ils sont de trois ordres : des moyens financiers d'une part avec un potentiel global de crédits publics (Europe, État et collectivités) de près de 1 milliard d'euros, permettant d'activer un effet de levier potentiel de 5 milliards d'investissements.
D'autre part, c'est un engagement de l'État à donner toute sa place aux IAA comme filière stratégique majeure dans ses dispositifs (financements de la banque publique d'investissement (BPI), programme investissements d'avenir notamment, avec le projet de mise en place d'une plateforme de recherche technologique, tournée vers le marché, sur le modèle des instituts de recherche technologique (IRT)).
Enfin, des engagements en termes de simplification des procédures administratives (notamment par la mise en œuvre de la procédure ICPE (installation classée pour la protection de l'environnement) d'enregistrement pour les élevages porcins et du 5e PADN (Programme d'action Directive Nitrates) dès le début de l'année 2014) pour libérer les initiatives et faciliter le travail des acteurs, sans rien retrancher aux enjeux de qualité environnementale et sociale du secteur.

Des perspectives d'avenir autour de plusieurs grands enjeux de la Bretagne

Le Pacte d'avenir propose les réponses structurelles et les investissements dont la Bretagne a besoin.

POUR LE SOUTIEN A L'ÉCONOMIE PRODUCTIVE ET INDUSTRIELLE, en cohérence avec la Stratégie de développement économique, d'innovation et d'internationalisation (SRDEII), le Pacte confirme la place de la Bretagne et de ses filières dans les 34 plans d'avenir industriel et dans la stratégie industrielle nationale. Il confirme le soutien à l'effort d'innovation dans des domaines d'avenir comme les énergies marines renouvelables, la cybersécurité, la photonique ou le navire du futur…

Le Pacte réaffirme une grande ambition bretonne pour le développement des usages du numérique, notamment dans les domaines de l'enseignement ou de la santé.

DANS LE DOMAINE DE LA MER, le Pacte réaffirme la place de Brest comme acteur mondial de l'excellence maritime. Il accélère la mise en œuvre de France énergies marines et de ses centres d'essais, et il confirme l'importance du projet de développement du port de Brest pour les énergies marines renouvelables (EMR). Il fixe par ailleurs des objectifs ambitieux pour le soutien aux filières de pêche, d'aquaculture et de conchyliculture en soulignant, notamment, la nécessité de favoriser la modernisation de la flotte et le maintien en Bretagne des droits de pêche. Il retient par exemple l'ambition bretonne en matière de développement de l'algoculture.

EN MATIÈRE D'IDENTITÉ CULTURELLE, le Pacte retient le principe de deux conventions spécifiques. L'une relative au développement des langues régionales, l'autre pour le soutien à la culture. Dans le cadre des dispositions de la future loi de décentralisation, une délégation de compétences sera possible sur un périmètre à définir conjointement.

POUR LE DÉVELOPPEMENT DES COMPÉTENCES HUMAINES, le Pacte souligne l'importance de la mobilisation pour les formations initiales et continues, notamment en faveur des jeunes les plus en difficulté.

Il place le développement de la recherche et de l'enseignement supérieur parmi les priorités du prochain contrat de plan autour de quelques enjeux majeurs : la rénovation immobilière, le développement du campus numérique, le soutien aux implantations territoriales, notamment des IUT dans les villes moyennes et le développement des capacités de la recherche.
En vue de l'application de la loi Fioraso, le Pacte rappelle les objectifs retenus par le schéma régional de l'enseignement supérieur et de la recherche, reposant sur une Université de Bretagne. Il confirme l'ambition de la Bretagne, en lien avec les Pays-de-la-Loire de se positionner dans le nouvel appel à projet « Initiatives d'excellence ».

LE PACTE RETIENT L'ENJEU DE L'ACCESSIBILITÉ comme devant être une priorité forte du futur contrat de plan autour des enjeux suivants : l'objectif de placer Brest et Quimper à trois heures de Paris et pour cela, la réalisation du débat public sur le projet LNOBPL (liaisons nouvelles Ouest-Bretagne – Pays-de-la-Loire) dès 2014, la diffusion de la grande vitesse à tout le territoire, notamment par la mise en œuvre des PEM (Pôles d'échanges multimodaux), la mise en œuvre des ambitions du plan logistique régional. Il confirme enfin qu'en 2020, l'ensemble des travaux pour l'achèvement de la RN 164 auront été engagés.
Il propose également l'accélération de la mise en œuvre du programme Bretagne Très Haut Débit pour tous.

LE PACTE FAIT ENFIN DE L'AMÉNAGEMENT ET DE L'ÉQUILIBRE DU TERRITOIRE un principe directeur. Il propose ainsi le déploiement, en articulation avec les contrats Région-Pays et les autres contractualisations territoriales, d'un volet territorial spécifique, permettant, notamment, de soutenir les villes moyennes dans leurs projets. Pour les territoires connaissant des difficultés particulières, il comprendra des dispositifs permettant de conforter l'accès aux services au public et des actions de soutien à la réindustrialisation et à la revitalisation.
Le Pacte comprend enfin des propositions pour accélérer le plan régional en faveur de la rénovation thermique avec l'objectif cible de 45 000 rénovations par an, en réponse aux enjeux de la filière construction.

Un Pacte de confiance

Le Pacte répond à la demande bretonne d'une reconnaissance par l'État de ses spécificités, de sa capacité à trouver elle-même les réponses aux défis qui lui sont posés, de son souhait de s'en voir donner les moyens, de sa demande de simplification des procédures…

Il ouvre la porte à un dialogue approfondi entre les acteurs régionaux et l'État sur les blocages pouvant résulter de certaines réglementations nationales ou européennes et devant évoluer.

Il ouvre la porte, encore, à l'identification des modalités innovantes et différenciées d'organisation pouvant être envisagées en Bretagne afin de mieux prendre en compte ses réalités propres.

Il ouvre la porte, enfin, à des simplifications de procédures pouvant résulter de l'organisation des administrations publiques existantes.

À ce titre sera mise en place une instance permanente de dialogue entre les administrations et les acteurs régionaux (entreprises, associations, particuliers…) afin d'identifier les points de blocage et les voies des améliorations possibles.

UNE DYNAMIQUE À PROLONGER.

Ce Pacte n'est pas une fin, c'est une nouvelle étape dans une dynamique appelée à se prolonger. Son élaboration a suscité une mobilisation collective, au-delà des clivages habituels, autour d'un intérêt commun supérieur. Sa mise en œuvre doit permettre la continuation de cette dynamique positive.

À cette fin sera mis en place un comité de pilotage qui permettra de rendre compte de son avancement, mais aussi et surtout d'adapter les objectifs et dispositions aux réalités. Par ailleurs, les groupes de travail qui ont permis de formaliser les propositions sur les divers sujets et en particulier le plan agri-agro, seront maintenus pour l'approfondissement des projets et le suivi de sa mise en œuvre. La préparation du futur contrat de plan donnera lieu également à un prolongement des travaux avec l'ensemble des partenaires concernés, sur la base de l'ensemble des contributions qu'ils ont élaborées.

Enfin, seront mises en place les instances de travail sur les simplifications de même que l'instance régionale sur le dialogue social proposée par le ministre du travail.
« Ce qui manque souvent aux sociétés humaines pour aller de l'avant, c'est la confiance en elles-mêmes » écrivait Per-Jakez Helias. C'est tout l'enjeu du Pacte d'avenir.
Ce Pacte répond à des urgences, mais il est avant tout un outil pour faire progresser les politiques sociales, environnementales et économiques de la Bretagne. **La Bretagne obtient avec ce Pacte des premières avancées significatives pour répondre aux aspirations de décentralisation exprimées par les Bretonnes et les Bretons ces derniers mois.**

Version complète du Pacte d'avenir pour la Bretagne : https://www.prefectures-regions.gouv.fr/bretagne/Grands-dossiers/PACTE-D-AVENIR-POUR-LA-BRETAGNE/Pacte-d-avenir-pour-la-Bretagne

9 octobre 2014 : Suspension du projet écotaxe

Annonce faite par Ségolène Royal, ministre de l'Écologie, du Développement durable et de l'Énergie et par Alain Vidaliès, Secrétaire d'État en charge des Transports, de la Mer et de la Pêche.

Liberté • Égalité • Fraternité
RÉPUBLIQUE FRANÇAISE

SEGOLENE ROYAL MINISTRE DE L'ECOLOGIE, DU DEVELOPPEMENT DURABLE ET DE L'ENERGIE	ALAIN VIDALIES SECRETAIRE D'ETAT CHARGE DES TRANSPORTS, DE LA MER ET DE LA PECHE
Communiqué de Presse	*Communiqué de Presse*

Paris, le 9 octobre 2014

Ségolène Royal et Alain Vidaliès,
- après avoir échangé avec les responsables des fédérations professionnelles de transport routier,
- prennent acte :
1) des difficultés de mise en œuvre de l'écotaxe, y compris dans la phase d'expérimentation ;
2) de la nécessité de clarifier les sources de financement de l'usage des infrastructures pour aboutir à un système clair et juste ;
3) de la volonté des professionnels du transport de participer à des solutions de financement équitables et pérennes.
- Ils décident de :
1) suspendre sine die le dispositif de l'écotaxe,
2) créer un groupe de travail de co-construction d'une solution qui se mettra en place, la semaine prochaine, avec toutes les parties prenantes ;
3) intensifier la recherche de solutions sur la situation économique et sociale globale du secteur, notamment le chantier de la compétitivité, pour permettre au transport routier français de préserver ses entreprises et ses emplois

Amendement permettant l'application des dispositions des deux derniers alinéas de l'article 99 du Règlement

ART. 2 **N° 564**

ASSEMBLÉE NATIONALE

4 décembre 2017

PLFR POUR 2017 - (N° 384)

Commission	
Gouvernement	

Adopté

AMENDEMENT **N ° 564**

présenté par
le Gouvernement

ARTICLE 2

I. – À la fin de l'alinéa 3, substituer au montant :

« 785 millions d'euros »,

le montant :

« 1 124 millions d'euros ».

II. – En conséquence, après le même alinéa, insérer l'alinéa suivant :

« La part du produit de la taxe mentionnée à l'alinéa précédent affectée en 2017 à l'Agence de financement des infrastructures de transport de France est consacrée, à hauteur de 339 millions d'euros, au remboursement de la dette de la société Écomouv'. »

EXPOSÉ SOMMAIRE

Le présent amendement vise à réajuster à hauteur de +339 M€, pour l'année 2017, le montant de la part du produit de la taxe intérieure de consommation sur les produits énergétiques (TICPE) qui est affectée à l'Agence de financement des infrastructures de transport en France (AFITF) afin de pouvoir assurer le remboursement en une fois de la dette de la société Écomouv'.

Le processus de solde de l'arrêt de l'écotaxe arrive en effet à son terme : après l'arrêt du contrat et le reclassement désormais achevé des personnels de la société Écomouv', le maintien de l'existence de cette société n'est désormais plus justifié et est à l'origine de coûts pour les actionnaires.

Sa liquidation est ainsi programmée, entraînant le solde des encours de dettes aux banques commerciales et aux fonds d'épargne de la Caisse des dépôts et consignation (CDC), couverts par une cession Dailly acceptée par l'État. Il convient donc d'assurer ce paiement final qui éteint les dettes liées à ce contrat.

Ce paiement de solde couvre le remboursement du principal restant dû ainsi que les frais de rupture des instruments de dette. Il permet d'éteindre les remboursements d'une dette courant sinon encore sur les sept années à venir et d'éviter les intérêts correspondants. Ainsi, un amendement au projet de loi de finances pour 2018 sera déposé par coordination afin d'abaisser de 48 M€ le plafond de la TICPE affectée à l'AFITF, correspondant à l'annuité 2018 initialement budgétée.

COLLECTIF VIVRE, DECIDER ET TRAVAILLER EN BRETAGNE

Vendredi 10 octobre 2014

COMMUNIQUE DE PRESSE

Kenavo l'écotaxe !
La mobilisation des Bonnets Rouges a payé mais restons vigilants.

Le Collectif « Vivre, décider et travailler en Bretagne » salue la suspension « sine die » du dispositif de l'écotaxe. Les Bonnets Rouges veilleront au maintien de la gratuité des routes en Bretagne.

Depuis des mois, les artisans, commerçants, agriculteurs, pêcheurs, transporteurs, chefs d'entreprise, salariés, citoyens bretons tout simplement, réunis sous la bannière des Bonnets Rouges, se sont mobilisés sans relâche contre l'écotaxe, puis contre le projet de péage de transit poids lourds. Aujourd'hui, le gouvernement français nous a entendus. Les efforts du Collectif « Vivre, décider et travailler en Bretagne », des comités locaux Bonnets Rouges et de tous les besogneux ont payé. Mais, que de temps perdu, que d'énergie gaspillée, sans parler de toutes celles et tous ceux que la justice poursuit aujourd'hui alors que leur seul tort est d'avoir eu raison trop tôt. Ré zo ré, nous sommes et serons à leur côté !

L'écotaxe a provoqué la révolte des Bonnets Rouges. La suppression de cette taxe maudite et destructrice d'emplois et le maintien de la gratuité des routes dans les cinq départements faisaient partie de nos revendications. Mais, ce n'étaient pas les seules.

Nous ne crions pas victoire, car notre objectif reste le maintien de l'emploi et du travail productif en Bretagne. Les usines ferment, les plans sociaux continuent, les emplois disparaissent, l'économie sombre. Nos autres revendications - fin du dumping social, allègement des contraintes administratives et fiscales, relocalisation des décisions en Bretagne, réunification de la Bretagne – sont là et les réponses sont inexistantes.

Tant que toutes nos revendications n'auront pas été entendues, nous continuerons à porter le bonnet rouge, symbole du refus et du déclin de la Bretagne.

Les Porte-paroles :
- Thierry Merret : 06 77 02 32 11
- Corinne Nicole : 06 74 28 15 82
- Christian Troadec : 06 08 63 61 68

collectif.vdt.bzh@gmail.com

Rejoignez-nous : Site internet : http://bonnetsrougesbzh.eu
Twitter : @BonnetRougeBZH et Facebook :
http://www.facebook.com/BonnetsRougesOfficiel.

DÉFENSE ET EXPLICATIONS DU MOUVEMENT (2014)

Ci-après quelques-uns de mes articles publiés par Agence Bretagne Presse, datant de 2014. Ils ont été écrits pour répondre à des objections ou à des suspicions, émises le plus souvent par des hommes politiques parisiens dans le but de barrer la route au mouvement des Bonnets Rouges ou de le discréditer.

Démystifions les patrons bretons !

Publié le 10/02/14

« À Quimper, les esclaves manifesteront pour les droits de leurs maîtres » a dit Jean-Luc Mélenchon à propos du rassemblement des Bonnets Rouges du 2 novembre dernier. Cette réflexion est insultante pour les salariés bretons. Ils sont considérés comme des m... par quelqu'un qui se prend pour l'Himalaya de la pensée de gauche, alors qu'il n'en est que la Butte Montmartre.
Prendre les patrons bretons pour des « maîtres » est tout aussi exagéré. C'est leur accorder un pouvoir obscur qu'ils n'ont pas. C'est vivre dans un monde complètement fantasmatique, partagé entre les bons et les méchants, la vertu et le vice. Pour les enfants accrocs de Jurassic Park, c'est le partage entre les diplodocus herbivores et les tyrannosaures sanguinaires. Pour asseoir leur autorité sur nos anciens, les vieux curés leur avaient raconté quelque chose de similaire, avec des angelots d'un côté et des diablotins de l'autre. Comment peut-on encore y croire ? En quelques lignes, je vais faire le portrait du patronat breton. Amateurs de sensations fortes, dénonciateurs compulsifs et membres du Parti de Gauche, vous allez être déçus.

Vu des statistiques, c'est quoi un patron breton ?
Sur la Bretagne historique, on compte environ 202 000 entreprises (138 000 pour la Bretagne administrative). 94% ont moins de 10

salariés. Le tissu économique breton est constitué de petites entreprises disséminées sur tout le territoire. Le patron breton moyen, c'est un artisan qui a quelques salariés.
Depuis 2008, on fait la différence entre les micro-entreprises, qui ont moins de 10 salariés, les PME qui ont entre 11 et 250 salariés, les entreprises de taille intermédiaire (ETI) qui ont entre 251 et 5000 salariés, et les grandes entreprises, qui ont plus de 5000 salariés. On peut aussi faire la différence selon le chiffre d'affaires. Les PME ont un CA inférieur à 50 millions d'euros. Les ETI ont un CA inférieur à 1,5 milliard d'euros.
En Bretagne, les 4 catégories s'équilibrent en matière d'emploi. 21% de l'emploi salarié du secteur privé sont dans les micro-entreprises, 29% dans les PME, 24% dans les ETI, 26% dans les grandes entreprises.
Il faut remarquer que ces chiffres évoluent. En France, sur 10 ans, 300 000 emplois ont été créés dans des entreprises de moins de 20 salariés, 300 000 autres dans les entreprises entre 20 et 500 salariés. Pour les entreprises plus grandes, le bilan est nul : elles ont licencié autant qu'elles ont embauché.

Vu de la place du village, c'est quoi un patron breton ?

Plus de 9 patrons bretons sur 10 dirigent une micro-entreprise. Ils n'ont rien à voir avec les patrons du CAC40. Ils ne forment pas une caste étanche.
Ils fournissent des services aux populations locales. Ils animent le territoire. Ils participent aux mêmes associations locales que leurs salariés, font leurs courses aux mêmes magasins, envoient leurs enfants aux mêmes écoles.
L'enjeu pour les 10 années qui viennent est le maintien d'un patronat local. 50% des entreprises bretonnes vont changer de main. Quand une entreprise est rachetée par quelqu'un d'extérieur pour en faire une filiale, le scénario classique est le suivant : délocalisation des décideurs ; ensuite, délocalisation des bureaux de recherche et développement ; enfin, délocalisation des unités de production.
Tous les moyens doivent être mis en place pour maintenir les innombrables lieux de décision économique en Bretagne. La transmission aux salariés est un moyen qui assure l'ancrage territorial. Aujourd'hui, les entreprises locales se transmettent mal.

Beaucoup d'entre elles mettent la clé sous la porte quand le patron s'en va.
Quand on parle de maintenir les services publics sur les territoires ruraux, il faudrait considérer que le boulanger, le chauffagiste ou le pharmacien sont des services au public, même si les patrons locaux n'ont pas un statut de fonctionnaire. Les approches corporatistes ne sont pas adaptées à l'aménagement des territoires.

Vu de l'intérieur de l'entreprise, c'est quoi un patron breton ?
C'est quelqu'un qui a investi son capital, son avenir et son identité dans son entreprise. Autrefois, on disait « son honneur » (le suicide des petits patrons est un sujet tabou).
Les 94% de patrons de micro-entreprises bretonnes travaillent avec leurs salariés sur les mêmes chantiers ou dans les mêmes bureaux. À midi, ils fréquentent les mêmes cantines ou mangent les mêmes sandwiches. Tout le monde vit ensemble du matin au soir. Tout le monde a un destin précaire, le patron comme l'ouvrier.
Dans les entreprises gérées par des gestionnaires salariés, la masse salariale fait partie des charges variables. Dans les petites entreprises gérées par des patrons propriétaires, la masse salariale fait partie des charges fixes. Quand ça va bien, le patron gagne plus que ses salariés, car il ne partage habituellement pas les bénéfices. Quand ça va mal, son revenu sert de variable d'ajustement. Les hauts et les bas font partie de la vie d'une entreprise. On ne licencie pas un membre de l'équipe que l'on a constitué, sauf en dernière extrémité. De toute façon, c'est trop compliqué et cela coûte beaucoup plus cher, financièrement, socialement, émotionnellement, que de couper sur ses revenus.
Le but est de durer. L'objectif n'est pas le résultat financier annuel, mais la viabilité de l'entreprise sur le long terme. Cette viabilité est mesurée par l'EBE (excédent brut d'exploitation). Le patron local ne regarde pas son bilan comme le gestionnaire d'une grande entreprise. Celui-ci doit satisfaire des actionnaires anonymes, prompts à abandonner l'entreprise si elle ne leur convient plus.
S'étonner que des salariés se retrouvent avec leurs patrons, en particulier pour maintenir l'emploi local, c'est **ne rien connaître au monde du travail** dans sa réalité quotidienne.
C'est aussi ne rien comprendre au sens de responsabilité des Bretons.

Au-delà des anciennes revendications...

Publié le 18/08/14

Les scandales financiers et sociaux accréditent l'idée que les patrons ne pensent qu'à leurs intérêts personnels. Cette thèse, même si elle n'est pas vraie pour beaucoup de petits patrons, correspond à une vérité statistique qui permet d'expliquer les ressorts du capitalisme. Ce qui est vrai pour les décideurs économiques est également vrai pour les décideurs politiques et institutionnels. James M. Buchanan, prix Nobel d'économie en 1986, a montré que la maximisation des intérêts personnels explique, de façon statistique, les comportements de tous les décideurs, et pas seulement le comportement des décideurs économiques. À la différence du capitaliste, l'intérêt personnel de l'acteur public n'est pas d'accumuler un capital, mais de se rendre indispensable. Dans le privé, réussir, c'est faire fortune. En politique, c'est se faire réélire ou obtenir des mandats plus importants. Pour un haut fonctionnaire ou le chef d'un service public, c'est rendre son administration incontournable, quel que soit le service apporté.

Buchanan a analysé le fonctionnement réel des services publics. On est bien loin de l'État protecteur, juste et impartial, représentant le bien commun. Le décalage entre l'idéal et la réalité est comparable au décalage qui existe dans le monde économique entre le fonctionnement réel du capitalisme et la théorie libérale. La redistribution des richesses est largement conditionnée par l'égoïsme des décideurs.

Le poids de la bureaucratie est devenu insoutenable et les réactions de refus se multiplient. Dans les entreprises, travail au noir, délocalisations, ou refus de se soumettre à des déclarations légales se sont banalisés. Chez les plus défavorisés, plus d'un million de foyers qui pourraient accéder au RSA n'en font même pas la demande. Les procédures sont ressenties comme des entraves. À chaque nouvelle réforme, qui part souvent d'une bonne intention, la tutelle administrative s'alourdit. Les premiers concernés sont largués. Le chef d'entreprise doit faire appel à un expert-comptable pour comprendre et réclamer ses droits. Le jeune en galère est tributaire des calculs et des conseils de l'assistante sociale. Le citoyen se perd dans des « droits » qui sont théoriquement les siens, mais qui, du fait de leur complexité, ne lui appartiennent plus.

Les mouvements sociaux du XXe siècle revendiquaient un salaire décent et des conditions de travail satisfaisantes. Ces revendications étaient vues comme un droit élémentaire, simple à comprendre. On savait qui était le propriétaire de l'entreprise.

Les Bonnets Rouges du XXIème siècle élargissent à la sphère administrative les revendications populaires, jusque-là limitées à la sphère économique. Ce n'est pas étonnant. Le chômage de masse est venu perturber les droits liés au travail. Pour avoir des droits, la condition préalable est d'avoir un statut social que l'on peut assumer soi-même, sans être sous la tutelle de ceux qui le comprennent ou le contrôlent. Avoir un statut ou obtenir des droits ne dépend pas d'un patron bien défini quand on est chômeur, intérimaire, salarié d'une entreprise en difficulté, paysan, autoentrepreneur, travailleur indépendant, artisan, salarié de certaines associations, coopératives ou filiales lointaines de multinationales. Nous sommes nombreux dans ces catégories. La machine administrative peut bloquer nos droits, les rendre incompréhensibles, ou compliquer la façon de les obtenir.

Les décideurs publics, élus ou non, se sont assuré une place indispensable, en multipliant les procédures et les contraintes administratives. Ils se sont rendus incontournables, non par les problèmes qu'ils résolvent, mais en imposant une manière bureaucratique de les poser. Ils font partie du problème. Il n'est pas sûr qu'ils fassent partie de la solution.

Qui est « derrière » ?

Publié le 1/09/14

« Qui est derrière ? » Voilà la question qui signe le degré zéro de l'analyse politique. Il suffit d'écarter ce qui ne rentre pas dans nos petites cases. Quand on est incapable de voir ce qu'on a devant les yeux, c'est-à-dire la réalité, on se donne un air malin en imaginant ce qu'il y a derrière. Il suffit pour cela d'étaler des préjugés sur les étiquettes ou la réputation des uns et des autres. Les incohérences du jugement n'ont pas besoin d'être justifiées. Il suffit de considérer qu'il y a d'un côté des manipulateurs, de l'autre des manipulés. C'est simple, c'est rassurant, c'est accessible à tous. Qui est derrière ? Les Bonnets Rouges sont restés une association de fait. Ils n'ont pas élu de président. Les choses se sont déroulées dans une joyeuse anarchie, qui peut être d'une efficacité redoutable lorsque la confiance règne. Le Collectif « Vivre, Décider et Travailler en Bretagne » a coopté ses participants au gré des événements, des compétences et des actions. Pendant plusieurs mois, aucun compte-rendu de réunion n'a été rédigé, et pour cause ! Aucun secrétariat n'avait été désigné, et personne ne s'en souciait.

Pour que, derrière les Bonnets Rouges, il y ait une puissance financière occulte, encore faut-il qu'ils aient des besoins financiers permanents. Nous n'avons aucun salarié à payer, aucun bâtiment à entretenir. Pourquoi même entamer des négociations ?
Pour qu'une puissance politique ou religieuse obtienne notre allégeance, encore faut-il avoir intérêt à s'enfermer dans une idéologie ou une religion. Il faudrait aussi qu'une puissance occulte

ait l'idée saugrenue de s'occuper d'un mouvement populaire hétéroclite, et d'une région beaucoup trop éloignée des centres de décisions.

Qui est derrière ? Dans le tohu-bohu, la pauvreté de l'analyse politique des commentateurs se révèle au grand jour. Qui est le chef d'orchestre clandestin ? L'Opus Dei, l'extrême-droite, le patronat français, le patronat breton, les « productivistes », les autonomistes ? Derrière les Bonnets Rouges, il y a un complot. Forcément. Sinon, ce n'est pas compréhensible. Dans l'imaginaire français, nous devrions tous être des Oncles Tom, gentils et un peu niais. Quelle force obscure nous a transformés en d'inquiétants Mandela ?
Les théories du complot expliquent les choses comme si tout était lié. Les événements obéissent tous à la volonté cachée d'un groupe qui poursuit un but à la fois simple et sombre. Lorsque le phénomène atteint une certaine intensité et concerne une large frange de la société, il engendre ce que les Anglo-Saxons appellent une « moral panic » ou une « mass hysteria ». Les Juifs en ont été les victimes les plus constantes. Il y eut aussi, selon les lieux et les époques, les sorcières, les protestants, les catholiques, les homosexuels, les étrangers, les communistes, les anticommunistes, les musulmans et bien d'autres. Les trois caractéristiques en sont connues : le consensus populaire, la disproportion entre le risque réel et le remède proposé, la volatilité du phénomène.

L'objectif des Bonnets Rouges n'a rien d'occulte. Il s'exprime dans une Charte, puis dans 11 revendications. Il s'est cristallisé autour du refus d'une taxe injuste. Tout le monde sait cela. Mais la société française se sent menacée, de l'extérieur comme de l'intérieur. La caste dirigeante ne se sent responsable de rien. Centrée sur Paris, elle ne peut imaginer qu'une nouveauté révolutionnaire apparaisse en Bretagne. Il faut qu'il y ait une manipulation, et que l'ennemi qui manipule tout cela fasse partie de leur univers mental.
Quand la Bretagne bouge, qui tire les ficelles ? Moscou ? Pékin ? Les djihadistes ? Les milliardaires juifs ? Les Jésuites ? Le MEDEF ? Le FN ? La FNSEA ? L'Institut de Locarn ? Jean-Yves Le Drian ?
Et si... Et si les Bretons avaient des raisons légitimes de se révolter, que les élites qui nous gouvernent ne veulent pas voir ?

Les métropoles et nous

Publié le 14/09/14

Le défenseur des métropoles résume son argumentation en un mot : "externalités".
« L'externalité caractérise le fait qu'un agent économique crée par son activité un effet externe, en procurant à autrui un avantage de façon gratuite » (Wikipedia). Les métropoles visent à créer des relations créatrices de richesses, en concentrant géographiquement les intelligences, les capitaux, les innovations.

Les Bonnets Rouges vivent dans un environnement naturel et culturel qui est celui d'un peuple, le peuple breton. Ils ne sont pas attirés par la « métropolisation », ni par la vie « hors-sol ». Ils n'y croient pas. Ils ont au moins cinq bonnes raisons à avancer.
1 – Après la période féodale centrée sur les places fortes, l'Europe a connu pendant cinq siècles une histoire centrée sur les places de commerce et les villes industrieuses ou administratives. Cette période est celle de la puissance citadine, de l'État-nation, de la production industrielle. C'est la « Galaxie Gutenberg ». Nous passons aujourd'hui à une autre période historique, marquée par d'autres besoins, d'autres technologies et d'autres rapports humains. Les places de commerce deviennent virtuelles. La production de masse est remise en cause. Les « communautés » sont un défi aux institutions de l'État-nation.
2 - Dans les métropoles, le coût du bien-être est prohibitif : sécurité, transports, etc. Les externalités deviennent négatives dans tous les services publics urbains. L'argent public organise l'inégalité au

détriment des territoires. Les plus fortes dotations de fonctionnement par habitant sont accordées aux métropoles et aux villes de banlieues. Cette inégalité n'est pas durable et nous n'en voulons pas.

3 – Comme dans les concentrations en élevage et pour les mêmes raisons, les concentrations humaines posent des problèmes aigus de pollution. Le bassin versant de la Seine concentre 30% de la population française et 18% de l'activité industrielle. Il ne faut pas compter sur les bobos parisiens, qui s'indignent devant les fermes de mille vaches, pour remettre en cause les agglomérations de millions d'êtres humains. Les Bonnets Rouges bretons sont mieux placés qu'eux pour imaginer et construire un avenir vraiment équilibré.

4 – Montesquieu l'a longuement expliqué : la démocratie fonctionne au mieux pour une petite population. La gestion des grandes métropoles, comme celle des grands États centralisés, tend naturellement vers un mode autoritaire. Aujourd'hui, cela se traduit par la bureaucratie, la technocratie, une société de défiance. Ce n'est pas un progrès humain.

5 - Les intelligences se concentraient jusqu'à présent dans les entreprises innovantes ou les institutions publiques. Aujourd'hui, l'intelligence et la créativité sont bien plus grandes à l'extérieur qu'à l'intérieur des organisations. De plus, les outils utilisés en privé, informatiques par exemple, sont souvent plus perfectionnés et mieux adaptés que les outils de travail. Le nouveau siècle se structure autour de ceux qui savent attirer des contributeurs sans les concentrer géographiquement. Les logiciels libres, Wikipedia, Facebook, les sites d'échanges, de covoiturage ou de crowdfunding, n'existent que par des contributeurs dispersés, réactifs, aux motivations très diverses. La concentration géographique n'apporte rien. Les externalités positives se situent ailleurs, dans le désir des contributeurs.

Le dynamisme de demain sera-t-il lié au profit des entreprises et à la puissance publique, ou au désir d'exister, de vivre, de s'accomplir ? Si c'est par le profit et la puissance, les métropoles ont une carte à jouer. Si c'est par le désir, ce sont les identités, les territoires, les communautés qui feront l'histoire.

Mon pays avant mon statut social !

Publié le 1/10/14

Les pilotes de ligne se mettent en grève au détriment de leur entreprise. Le gouvernement cherche à modifier le champ d'action des professions réglementées comme les notaires, les pharmaciens, les médecins, les huissiers. Voilà deux cas récents qui illustrent la tendance bien française à raisonner en termes de statut professionnel et non d'utilité sociale. Le statut professionnel est très différent de l'utilité sociale. Ainsi un pharmacien, dans un village du centre Bretagne, n'a pas la même utilité sociale que le pharmacien d'un beau quartier d'une métropole. Le premier participe fortement à l'aménagement du territoire, au lien social, au maintien de la population locale. Mettre nos deux pharmaciens dans le même sac correspond à une approche corporatiste de l'activité professionnelle.

Le corporatisme est souvent associé au *poujadisme*. Ce mouvement est né et mort dans les années 50. Il regroupait des commerçants et artisans, menacés par les contrôles fiscaux et par la grande distribution naissante. Le mouvement a présenté des candidats aux élections de 1956. Il a obtenu plus de 2 millions de voix et 52 députés. Le mouvement s'est effondré deux ans plus tard. Le terme de poujadisme sert désormais à désigner un corporatisme étriqué, rejetant toute notion d'égalité, de partage ou de bien commun. Il est en général considéré comme étant de droite.

L'équivalent à gauche est la référence à la lutte des classes, qui permet de légitimer des intérêts catégoriels sans se préoccuper du bien commun. Il faut constater que l'antagonisme de classes tel que le définissait Karl Marx dans son ouvrage « Les luttes de classes en France » ne correspond que rarement aux conflits sociaux actuels.

L'intégration européenne et la mondialisation ont brassé les professions et les statuts de tous les pays. Qui eut pensé que les droits, quand ils ne sont pas ceux de tout le monde, pourraient devenir le fondement des nouvelles inégalités ? Aujourd'hui, les seuls droits qui méritent d'être défendus sont ceux qui peuvent être généralisés.

Le corporatisme et ses conséquences désastreuses ont été décrits par Yann Algan et Pierre Cahuc dans leur essai, la société de défiance : *« Le corporatisme, qui consiste à octroyer des droits sociaux associés au statut et à la profession, institutionnalise la segmentation des relations sociales. Il crée un enchevêtrement de dispositifs particuliers à chaque corps qui favorise la recherche de rentes et entretient la suspicion mutuelle ».*

Ils poursuivent : *« Selon une logique dirigiste et corporatiste qui est devenue la sienne, l'intervention de l'État français consiste généralement à accorder des avantages particuliers à certains groupes, souvent au détriment du dialogue social, du respect des règles de la concurrence et de la transparence des mécanismes de solidarité ».*

Les sociologues mesurent le degré de corporatisme d'un pays par le nombre de systèmes publics de retraite en fonction du statut professionnel. La France se révèle être, après l'Italie, le pays le plus corporatiste sur les 15 pays développés étudiés. La France est une institution avant d'être une nation. L'identité des Français est liée à leur statut professionnel ou social avant d'être liée à un peuple ou à une culture. Ce n'est pas le cas pour ceux qui se sentent bretons. Les Bonnets Rouges ont été vus comme un rassemblement hétéroclite, car la référence n'y est pas le bien-être d'une corporation, mais celui d'un territoire et d'un peuple. Les paysans, les transporteurs, les ouvriers, les entrepreneurs se retrouvent ensemble parce qu'ils imaginent un avenir partagé.

Mon pays avant mon statut social !

Ni gauche ni droite ?

Publié le 1/11/14

Vladimir Poutine, Barack Obama, Xi Jinping, Hassan Rohani... Ces dirigeants de grandes puissances sont-ils de droite ou de gauche ? Djihadistes contre résistants kurdes... Qui est de droite, qui est de gauche ? Ces questions nous font sourire, car elles ne veulent rien dire. L'alternative droite-gauche ne permet pas de comprendre les stratégies, ni les grands événements qui secouent la planète.
Autrefois, le slogan « Ni droite ni gauche » était considéré comme un camouflage de l'extrême droite. Au temps de la Guerre froide, les catégories droite-gauche semblaient universelles. D'un côté les pays socialistes, de l'autre les pays capitalistes. Les pays « non-alignés » étaient vus comme des opportunistes. Aujourd'hui, le clivage droite-gauche ne conserve sa force que dans les pays de tradition catholique, en Europe et en Amérique du Sud. C'est le cas en France. Il y a, chez les Bonnets Rouges, des femmes et des hommes qui se revendiquent de droite ou de gauche. Mais il y en a beaucoup qui ne se reconnaissent plus dans ces clivages, et qui n'ont aucune envie d'y entrer. Ce sont eux qui ont été le ciment du mouvement. Ils nous indiquent, parfois inconsciemment, la direction à suivre.

Pourquoi cette indifférence ou ce rejet des catégories politiques traditionnelles ? Droite et gauche sont les références politiques parce que la question de la protection sociale est devenue centrale, tout comme le « salut » est une promesse centrale dans la tradition catholique. Protection individuelle, par les biens accumulés et le mérite, pour la droite. Protection collective, par les institutions sociales et la redistribution des richesses, pour la gauche. Ceux qui bénéficient de la meilleure protection sont les riches d'un côté, les fonctionnaires de l'autre. Stigmatiser l'une de ces catégories est un marqueur politique.

Les Bonnets Rouges n'expriment pas de rancœur envers les riches, ni d'animosité envers les fonctionnaires, ce qui crée une ambiance particulière. Le terme « apolitique », parfois utilisé, signifie un refus de l'alternative droite-gauche, tout en revendiquant néanmoins une action de type politique ou syndical. Ce refus va de pair avec la certitude que la protection sociale ne pourra plus être garantie dans l'avenir, ni par une fortune personnelle, ni par l'État-providence. Les protégés actuels ne sont pas jalousés, car ils ne représentent plus un idéal accessible. En revanche, dans les comités, la question de l'emploi et celle de l'identité bretonne sont centrales. Ces préoccupations ne sont pas liées à un désir de protection, mais à un sens à donner à sa vie, individuellement et dans le cadre collectif de la Bretagne.

Compte tenu de leur prise de distance envers la droite et la gauche, vers où peuvent se diriger les Bonnets Rouges ? Leur scepticisme est un handicap dans le cadre politique actuel. Vont-ils basculer dans une sorte de trou noir, hors des chemins de l'Histoire ? Je suis persuadé du contraire. La capacité à vivre dans un environnement non protecteur crée une bifurcation dans notre histoire. Elle annonce une révolution qui remet en cause à la fois la société de consommation et l'État-providence. Les précaires en sont l'avant-garde. Ils veulent autre chose qu'une protection à laquelle ils ne croient plus.
Tant que la protection restera une préoccupation majeure, le dilemme droite-gauche se maintiendra. En revanche, si la participation de tous à l'activité économique et le droit à l'identité deviennent des questions centrales, la façon d'aborder la politique en Bretagne évoluera.

Ni droite ni gauche. Le vieux slogan maudit pourrait devenir celui d'une transformation de la société ; les Bonnets Rouges bretons en auront été les précurseurs.

RÉFLEXIONS ULTÉRIEURES…

Localiser les décisions, une arme anti-corruption

Assez régulièrement, un technocrate lambda met en cause les *baronnies locales*, relayé aussitôt par les grands médias, la haute fonction publique, les entreprises-« champions-nationaux » et les courtisans de toutes sortes. Le technocrate se considère comme supérieur à l'élu. Il a fait des études d'administration. Il en serait devenu impartial et compétent. Est-ce vrai ?

En ce qui concerne la compétence, remarquons que la balance penche plutôt vers le décideur local. En effet, un problème qui concerne les hommes et un tissu économique localisé pourra être appréhendé de façon à la fois plus concrète et plus fine par des décideurs qui vivent sur ce territoire.

Le décideur local, plus que le haut fonctionnaire, a la volonté de trouver une issue satisfaisante à une crise économique ou à un drame social. Il décide sous le regard de proches ou d'amis. Ceux-ci considèrent toute désinvolture de sa part comme une faute et une trahison. L'homme des hautes sphères économiques ou politiques n'est pas directement concerné par les conséquences de ses décisions. C'est un serviteur de l'État, pas un serviteur du peuple.

Faut-il choisir le vice local, avec ses *baronnies*, ses corruptions de sous-préfectures et ses lobbies ? Faut-il au contraire choisir le vice central, son aristocratie financière, ses corruptions bien installées et les réseaux des grands corps de l'État ?

Disons-le tout net : Le vice local n'est pas plus beau. Il est seulement plus tolérable, pour trois raisons principales.

1 - L'impunité n'est pas assurée au décideur local. Il est trop loin des grands protecteurs. Il est trop proche de ceux qui l'observent. Les solidarités tissées entre les grands corps de l'État assurent au décideur central une couverture qui le rend quasiment invulnérable. Les grands corps ont traversé la guerre 39-45 sans être inquiétés. Dans le corps préfectoral, le plus fluctuant de tous les grands corps administratifs, près de la moitié des préfets de carrière

en poste en 1939 le sont encore en 1946. Ils ont ainsi traversé la défaite, l'occupation et la libération sans désobéir aux différents régimes en place et sans aucune sanction finale. Dans les autres corps, le pourcentage de stabilité monte à 90%.

2 - Le corrompu local est moins nuisible que le corrompu central. Son comportement affecte moins le fonctionnement général de la démocratie.

3 - Le corrompu local est moins durable. Il profite d'opportunités. Le corrompu central bénéficie de failles permanentes. La corruption est pour lui quelque chose de structurel. L'environnement administratif ne sécrète plus d'anticorps contre cette gangrène.

Il est préférable de multiplier les petits risques pour éviter les grandes catastrophes irréversibles. Un accident majeur dans une centrale nucléaire est plus dangereux pour la planète que des dizaines d'éoliennes qui perdent une pale. La myopie que le grand citadin reproche au provincial est moins dangereuse pour la planète, pour la république et pour la démocratie, que les grandioses analyses prospectives des pouvoirs centralisés.

Comment vivre loin des lieux du pouvoir ?

Il fut un temps où il était de bon ton de dire : « *Tout est politique* ». L'idéal était de disposer d'institutions protectrices, assurant à tous le revenu, la sécurité, l'éducation et le reste. C'était *Big Brother* devenu ange gardien, *Léviathan* qui aurait muté en *Shrek*, le gentil ogre. On ne voyait plus que le côté lumineux de la Force. Les plus fervents du tout-politique s'irritaient de voir que des initiatives privées comme les *Restos du Cœur* s'arrogeaient des prérogatives qui auraient dû être du domaine public.
Les choses ont changé avec le déclin de l'univers communiste, qui était l'univers le plus politisé. Le mouvement *Solidarnosc* en Pologne a émergé comme une alternative à la classe politique. Cette alternative a été nommée « société civile ». A la même époque à Prague, Vaclav Havel voyait dans la société civile les forces qui permettraient à la société post-totalitaire de se recomposer.
L'Unesco a défini la société civile comme l'ensemble des forces permettant une auto-organisation de la société, en dehors du cadre politique et du cadre marchand.

Pour des raisons géographiques et historiques, les Bretons vivent loin des lieux d'exercice du pouvoir politique, qu'il soit français, européen ou mondial. Certes, nous pouvons jouer l'un des pouvoirs contre l'autre. Les Bretons ne se privent pas du plaisir d'être plus européens que les autres, dans le seul but d'être moins soumis à Paris. Mais au-delà de ces manœuvres, il faut bien admettre que les forces de notre société civile sont un des seuls atouts dont nous disposons pour nous organiser à notre gré. Notre salut ne viendra pas de l'extérieur, y compris de Strasbourg ou de Bruxelles.

Pour bien différencier les valeurs sur lesquelles fonctionne la société civile par rapport aux valeurs *citoyennes* du monde politique et institutionnel, voici quelques réflexions. Le trait est grossi volontairement, afin de faire apparaître clairement les différences.

Les solidarités. Les institutions les considèrent comme supplétives à l'aide sociale publique alors que, pour la société civile, elles sont centrales.

Le bénévolat. Les subventions sont un puissant antidote au bénévolat. Bien des associations ont perdu leur âme et leur légitimité par un fonctionnement subventionné.

L'autodéfense. Conserver nos réflexes de survie, individuellement ou collectivement, permet de considérer la Police Nationale comme un élément complémentaire et non comme le seul garant de la tranquillité publique.

Les arrangements gagnant-gagnant. Ils remettent en cause la croyance que l'intervention d'une instance extérieure est forcément la seule possible.

L'audace et la créativité. Elles remettent en cause l'ordre établi.

La fierté. Elle entretient une proximité avec l'insoumission.

La confiance. Elle permet de construire des entreprises durables. Elle court-circuite les intermédiaires publics, qui vivent de la défiance.

Les Bonnets Rouges appellent les Bretons à miser sur les valeurs de leur propre société civile, plutôt que sur les valeurs « civiques ».

Notre responsabilité territoriale

À la fin du siècle dernier, les entreprises ne parlaient que du *management de la qualité* et de la norme Iso 9001. Le management de la qualité consiste essentiellement *à « faire ce que l'on a écrit et écrire ce que l'on fait »*. De magnifiques procédures ont été écrites.

Les versions 2000 et ultérieures de la norme ont introduit les notions de durabilité et de responsabilité sociale de l'entreprise. Ainsi, par une évolution naturelle, nous sommes passés au *développement durable*.
Le pilier social et le pilier environnemental du développement durable ont obligé les entreprises à assumer de nouvelles responsabilités. Mais le concept s'est étendu au-delà du secteur marchand. Il a débordé sur le monde politique et le monde associatif.

Vingt ans après, l'attrait pour le *management de la qualité* décroît et le *développement durable* piétine. Le monde économique se tourne vers la *responsabilité sociale* (ou sociétale). Celle-ci concerne tout le monde : non seulement les entreprises, mais aussi les services publics, les collectivités, les syndicats, le citoyen lui-même. Elle est potentiellement explosive. Elle percute de plein fouet les habitudes de pensée, et en particulier la notion même de droit.
La responsabilité sociétale brouille les rapports de forces en ajoutant, aux intérêts des parties en présence, les intérêts de parties non représentées : les générations futures, la tranquillité publique, l'environnement, la planète. Le *bien commun*, qui avait disparu de notre champ de vision et dont on commençait à douter de l'existence, réapparaît.
La responsabilité sociétale s'est d'abord diffusée dans le monde marchand par l'*investissement socialement responsable*. C'est une bonne idée de proposer des investissements éthiques. Ceux-ci sont devenus des arguments marketing pour des banques en manque de crédibilité.

Une autre voie de la responsabilité sociétale est le *Global Compact* de l'ONU. Ce pacte oblige une entreprise à annoncer des mesures éthiques, et à les réaliser. Là encore, compte tenu de l'aspect purement déclaratif, l'éloignement peut permettre à des entreprises de se faire passer pour plus vertueuses qu'elles ne sont. **Un remède (mais aucun remède n'est une panacée...) à ce risque lié aux circuits longs est de passer de la *responsabilité sociale* à la *responsabilité territoriale*.**

La responsabilité territoriale d'une entreprise porte sur la création de richesse bénéficiant au pays, sur la préservation-valorisation de l'environnement naturel et humain sur place et sur l'emploi local.
La responsabilité territoriale sur l'emploi ne concerne pas que les entreprises, mais aussi les acteurs locaux de l'achat public, élus ou fonctionnaires. Quand un élu ou un fonctionnaire demande à une entreprise d'embaucher, mais sélectionne systématiquement le moins cher dans ses appels d'offres, il nous trompe. Quand des municipalités achètent du granit chinois pour paver les places ; quand, par sécurité, orgueil ou volonté de prestige, elles choisissent systématiquement le « champion national » au détriment de l'entreprise régionale ou locale, elles sont irresponsables en regard de leur territoire.
Il existe des patrons-voyous. La responsabilité territoriale permet de montrer du doigt des fonctionnaires-voyous et des élus-voyous. Ils agissent selon les mêmes logiques que les patrons-voyous. Un territoire durable obéit aux mêmes contraintes qu'une entreprise durable.

Petites histoires de destructions de biens publics

À partir du 14 juillet 1789. Les révolutionnaires démontent la Bastille. Cette vieille prison parisienne, quasiment désaffectée, est à la fois bien public et symbole de l'arbitraire. Personne n'a jamais calculé le coût de sa reconstruction, ni même imaginé de la reconstruire.

Le Palais des Tuileries, à Paris, est saccagé en 1791, pillé en 1830, ravagé en 1848, incendié en 1871 et rasé en 1882. C'était à la fois un bien public et un symbole du pouvoir monarchique.

Du 25 août 1793 au 20 août 1794, le mobilier du château de Versailles est vendu sur ordre de la Convention. À la fois biens publics et symboles d'un luxe insultant. Les gros acheteurs se recrutaient parmi les Anglais et les Russes.

En 1808, Napoléon 1er fait détruire la Tour du Temple, parce qu'elle rappelait de mauvais souvenirs à sa jeune épouse Marie-Louise. Bien public et symbole des mauvais jours. L'empereur s'illustra aussi dans la destruction de biens publics italiens et égyptiens, mais là ça ne concerne plus les biens publics français.

Lors de la Commune de Paris, la colonne Vendôme est renversée. Le peintre Gustave Courbet avait demandé que ce monument militariste et sans valeur artistique soit « déboulonné ». Après la Commune, la Troisième république l'a considéré comme coupable. Il fut condamné à payer les frais de reconstruction, ce qu'il ne fit jamais.
Les portiques écotaxe, biens publics, sont le symbole de l'injustice fiscale et du flicage généralisé. Leur démontage et le refus de payer des sommes indues fait de Gustave Courbet notre précurseur et notre peintre-fétiche.

Gustave, avec nous !

Coups de pinceaux à la manière de Courbet, à l'attention des Bonnets Rouges à venir :

- Ne sois jamais là où on t'attend.
- N'avoue jamais là où tu étais.
- Oublie ceux qui étaient avec toi.
- Celui qui agit est maître de la sécurité.
- Celui qui n'agit pas est maître du silence.
- Les heures de gloire ne se remémorent qu'en bonne compagnie.
- Tu peux revendiquer une action, pas une transgression.
- Solitaire sous la lune, solidaire sous le soleil.
- Honni soit celui qui provoque le retard.
- Ne collectionne pas les trophées.
- S'il n'est pas utilisé, un outil dangereux l'est contre soi-même.
- Au commencement est le renseignement.
- La qualité de la diversion assure la transgression.
- Le respect se conquiert par l'action.

Printed in Great Britain
by Amazon

29511816R00096